¡VAS A SER UN GRAN PAPÁ!

LA GUÍA EXPERTA PARA EL PRIMER EMBARAZO Y TODO LO QUE LOS NUEVOS PAPÁS NECESITAN SABER

ALEX GRACE

INFINITE PUBLISHING

ÍNDICE

¡Vas a Ser un Gran Papá!

La Guía Experta para el Primer Embarazo y Todo lo que los Nuevos Papás Necesitan Saber

Alex Grace

Creado con Vellum

INTRODUCCIÓN

"El poder de un padre en la vida de un niño, no tiene igual."
—Justin Ricklefs

Has querido ser papá desde que tienes uso de razón. Siempre imaginaste que sucedería algún día en el futuro. Cuando tu esposa sugirió que era momento de intentar quedar embarazada, no lo dudaste. Muchas parejas, a veces, tienen dificultades para concebir, así que pensaste que podría tardar al menos un par de meses. "Intentar quedar embarazada será divertido", dijiste, y "tendré más sexo del que he tenido en toda mi vida". Estos pensamientos te emocionaban para el viaje que se avecinaba.

Hasta que un día, mucho antes de lo que jamás creíste posible, tu esposa espera que llegues a casa después de un largo día de trabajo. Te sientes nervioso al ver lo emocionada que está. En ese momento, ella agarra un pequeño palito blanco y lo apunta tan cerca de tu cara que debes dar un paso atrás para ver qué está pasando.

Ves dos líneas azules, cuando tus ojos finalmente se enfocan en el pequeño palo (que ahora parece que podría ser un arma). ¿Qué significa esto? te preguntas. Luego, de repente, te das cuenta de que podría ser una señal de que tu tiempo de tener sexo cuando quieras, ha terminado. Eligiendo cuidadosamente tus palabras, preguntas: "¿Esto significa...?". Antes de que puedas terminar tu oración, tu esposa grita: "¡Estamos embarazados!"

Repentinamente, una ola de emociones te golpea. Sentimientos que no puedes entender. Siempre anticipaste que este sería el día más feliz de tu vida. Has querido esto, así que, ¿por qué no estarías fascinado? Pero, aparte de los evidentes sentimientos de alegría, de repente te invade un miedo extremo.

Pensamientos pasan por tu cabeza. ¿Y si algo sale mal? ¿Y si no tenemos suficiente dinero para criar a un niño? ¿Y si soy un mal papá? No sé nada sobre ser papá. ¿Y si no puedo consolar a mi bebé cuando llore? ¿Y si hago algo que arruine la vida de mi hijo para siempre? La lista de temores y pensamientos dan vueltas en tu cabeza durante semanas mientras intentas mantener una cara valiente. Lo último que quieres es que tu esposa se de cuenta de que estás aterrorizado ante la idea de convertirte en papá.

Si has asentido con la cabeza ante alguno de estos temores, hay esperanza. No tienes que pasar los próximos nueve meses solo. No tienes que preguntarte por qué tu esposa parece imposible mientras está embarazada. No tienes que temer el proceso de parto. Tampoco hay razón para que tengas miedo de llevar al bebé a casa, conectar con él o de ser un buen papá.

Tus miedos pronto serán cosa del pasado. Has llegado al lugar correcto. **¡Tú Serás un Gran Papá!,** te guiará en cada paso del viaje que tienes por delante. Será el amigo al que podrás preguntarle todos los miedos que te dan vergüenza admitir, mientras te tomas una cerveza fría. Este libro - o amigo, si lo prefieres - nunca te juzgará por tener miedo o hacer preguntas que temes que puedan parecer tontas.

En cambio, este libro te brindará el apoyo que necesitas durante los próximos meses. Te ayudará a saber qué esperar en cada etapa de este viaje de embarazo y de tener un recién nacido de quien cuidar. Muchos papás tienen dificultades para conectar con sus nuevos bebés, ya que no lo han llevado adentro físicamente durante el embarazo ni han dado a luz. Muchos papás no entienden la fuerza de sus instintos paternos, ya que la sociedad tiende a enfocarse solo en la madre y en sus instintos para cuidar a un bebé.

Aparte de esto, necesitarás encontrar una nueva forma de conectarte con tu esposa, ya que tu bebé se convertirá en su máxima prioridad. Además, también tendrás que encontrar la manera de hacer tiempo para cuidar de ti mismo. Tendrás que hacer tiempo para hacer cosas por ti mismo y no limitarte a acomodarte en tu nueva rutina como papá.

Todo esto puede ser suficiente para asustar a muchos hombres, pero no tienes que ser uno de ellos. No hay necesidad de temerle a esta etapa. Aunque a veces te sientas abrumado, estarás preparado. **¡Tú Serás un Gran Papá!** también te ayudará a saber cuándo tu salud mental podría comenzar a sufrir y cómo recibir apoyo.

SOBRE MÍ

Estoy muy emocionado de ayudarte en tu nuevo viaje. Como entrenador deportivo, mi vida gira en torno al trabajo en equipo y a la colaboración. Soy el mayor de una familia de cinco hermanos y siempre he sido el tío divertido. Pero ser el familiar de confianza de tus sobrinos no se parece en nada a tener tu propio hijo. Aunque creas que serás el mejor papá y te encante pasar tiempo con los más pequeños, el shock de convertirte en padre puede darte tantas vueltas a la cabeza que te entren ganas de hacer ejercicio o cualquier otra cosa que te ayude a desahogarte y liberar cortisol.

Tu experiencia no tiene por qué ser así. Una de mis pasiones es ayudar a los padres, sobre todo primerizos, a adaptarse a su nuevo papel. Siento un profundo amor por los niños, y después de trabajar en el Sistema de Asistencia Infantil durante muchos años, entiendo en detalle, la atención que requiere cuidar de un niño. Tengo experiencia trabajando con niños de muchos orígenes, lo que me da diferentes puntos de vista de los cuales extraer conocimientos. También tengo experiencia en la paternidad, ya que he tenido el honor de ser papá un par de veces y de crear mi propio pequeño equipo deportivo en casa.

Me apasiona compartir mis conocimientos y mi experiencia porque sé el valor que esto puede aportar a los padres primerizos. Así que, entremos directamente en materia y hablemos de lo que debes hacer y saber cuando tu mujer te anuncia que su barriguita está a punto de explotar como un globo.

BONUS

Antes de que comencemos oficialmente nuestro viaje juntos, quería darte un consejo.

Al embarcarte en esta emocionante aventura, entiendo que te surjan muchas preguntas e incertidumbres, especialmente cuando se trata de apoyar a tu pareja en el milagroso proceso del parto.

Para ayudarte a navegar por esta experiencia transformadora con confianza y gracia, quería ofrecerte personalmente una guía gratuita que he elaborado, basándome en mi primera experiencia de viaje al hospital y en todo lo que me hubiera gustado llevar.

En esta guía completa encontrarás consejos prácticos, valiosas ideas y artículos que te serán de gran ayuda para ayudar a tu pareja durante el parto.

En esta guía descubrirás:

- Artículos de higiene que ni siquiera pensabas llevar.
- Formas de vigilar a tu bebé en todo momento.
- Trucos de enfermería para que el posparto sea lo más llevadero posible.

- Ropa que tu bebé te agradecería si pudiera hablar.
- Artículos de confort para que todos estén contentos.

Simplemente **escanea el código QR** que aparece a continuación para desbloquear tu copia gratuita de: **"La "Chuleta" Para Nuevos Papás: Los 14 esenciales para el nacimiento de tu bebé"**, y empieza a prepararte para ser papá.

Entremos en materia.

1

¡VAS A SER PAPÁ!

Has tenido tiempo suficiente para superar el shock inicial de que tu esposa esté embarazada. A veces, te sientes bastante orgulloso de ti mismo. Después de todo, esta es la mejor prueba de que tu pene funciona. ¡Felicitaciones!

A pesar de esto, te encuentras acostado en la cama despierto por la noche. Tienes miedo de lo que viene. Tu vida ya no girará en torno a ti. Claro, tuviste que hacer algunos ajustes cuando te casaste o entraste en una relación seria con tu pareja. Pero siempre había suficiente tiempo para salir con tus amigos o hacer lo que quisieras. No importa lo que muchas personas intenten decirte, esto está a punto de cambiar. Esto es aterrador. Sin embargo, cuanto más te eduques sobre el viaje en el que te estás embarcando, menos abrumado te sentirás.

TENER UN HIJO ES ATERRADOR

Antes de entrar en los detalles del embarazo y el cuidado de un recién nacido, enfoquémonos en ti y en lo que probablemente estés atravesando. Ya hemos establecido dos emociones que podrías estar sintiendo: felicidad, quizás más deleite y euforia, y estar tan asustado que podrías tener que correr al baño más a menudo de lo habitual. A veces, probablemente sientes ambas emociones opuestas al mismo tiempo. Desafortunadamente, para la mayoría de los futuros papás, los miedos de tener una esposa embarazada a menudo superan la felicidad o la emoción de convertirse en papá.

Puede que temas ser demasiado egoísta para ser un buen papá. Las necesidades de otra persona ahora se volverán más importantes que las tuyas. Ya no podrás ser egoísta. Tendrás que dedicar horas diarias a tu familia: tendrás que conectar con tu hijo, cuidar de esta nueva vida y cuidar de su mamá, cuyo cuerpo pasará por un verdadero infierno en los próximos meses. Tu tiempo ya no será tuyo solamente.

De igual manera, tendrás que compartir tu dinero. Tener un bebé es caro, y no hay forma de evitarlo. Los pañales por sí solos pueden hacer tambalear el presupuesto mensual, sin mencionar todas las otras cosas que tu bebé podría necesitar, como fórmula, cremas, medicinas, visitas al médico, ropa, guarderías, y mucho más. Así como tus prioridades con el tiempo cambiarán, también lo harán tus responsabilidades financieras.

Afortunadamente, hay un lado positivo en todo esto. Muchas mujeres (especialmente las abuelas y tías) se sienten atraídas, como un imán, hacia un bebé. Si necesitas tomarte un descanso y tener algo de tiempo para ti mismo, llama a estas encantadoras mujeres en tu vida y pídeles que cuiden al bebé o ayuden a tu esposa. Es posible que tu esposa también quiera pasar tiempo a solas sin ti. Hazlo, o al menos discútelo con ella.

Como ya seguramente sabes, el tiempo de una mujer puede parecer interminable cuando está con su bebé, y también su billetera. ¿Alguna vez has visto a una mujer en una tienda para bebés?

Muchas tienden a enloquecer comprando todo tipo de cosas. Si te aseguras de que alguien le haga un enorme baby shower a tu esposa, ahorrarás mucho dinero. Es probable que tu bebé reciba tanta ropa o paquetes de pañales que no tengas que comprar tanto como temías. Asegúrate de mantener las etiquetas en todas las prendas que recibas para que puedas cambiarlas por tallas diferentes si es necesario.

Otro miedo que podrías tener es amar más tu trabajo que a tu bebé. Tener este temor es más natural de lo que te imaginas. Llevas años trabajando. Elegiste tu carrera. Quizás te encanta tanto tu trabajo que las horas en la oficina pasan volando. O tal vez no te guste tanto tu trabajo. Quizás sientas que prefieres pasar el rato con tus amigos. Ahora, piensa en cuando comenzaste tu primer trabajo o cuando conociste a tu mejor amigo. ¿No tenías miedo de lo desconocido y de fracasar? Mirando hacia atrás, esos miedos parecen ridículos, ¿no? Lo mismo aplica al tener tu primer bebé. No sabes lo que es tener a tu pequeño humano. No sabes cómo te sentirás, completamente abrumado de amor la primera vez que lo sostengas. Por mucho que ames tu trabajo, tu amor por tu bebé será completamente diferente. Créeme, hay espacio en tu corazón para ambos.

Un gran temor de muchos futuros papás es que no serán buenos padres. Sé amable contigo mismo. No tienes ninguna experiencia en ser papá. Es un cliché decir que debes seguir tus instintos, pero es cierto. Si alguna vez no sabes qué hacer, recuerda que puedes pedir consejos a muchas personas en tu vida. Esto puede ser un amigo que ya tenga hijos, tus padres, un compañero de trabajo o el pediatra de tu bebé. Además, prepárate para los consejos no solicitados que incluso los extraños en el parque o en el centro comercial estarán más que felices de darte. Aunque algunos de estos consejos pueden ser útiles, aprenderás a tomarlos con reservas. Lo que funciona para algunos papás podría no funcionar para ti y tu esposa. Encontrarás tu propio ritmo cuando se trate de la crianza.

Muchos futuros papás temen perder su identidad una vez que se conviertan en padres. Cuando tu esposa llegue al final de su embarazo y después del nacimiento del bebé, tu tiempo libre será limitado. Esto significa que no tendrás tanto tiempo para dedicarlo a tus pasatiempos favoritos, salir con tus amigos o practicar tus deportes preferidos. Ahora serás papá 24/7. Esto puede cambiar tu sentido de identidad; sin embargo, a veces este cambio puede ser para mejor. Tener un bebé te obliga a madurar significativamente, y encontrarás otros intereses relacionados con tu hijo o ser papá. Además, recuerda que aunque ser papá es un compromiso de por vida, no tener tanto tiempo para lo que solías hacer no será un cambio permanente. Tu hijo crecerá y será más independiente, lo que significa que eventualmente tendrás más tiempo libre. Confía en mí cuando te digo que el tiempo con tu hijo pasa más rápido de lo que imaginas. Así que disfruta cada paso del viaje.

Muchos padres primerizos (no solo papás) experimentan el miedo a perderse algo (FOMO), no solo durante el embarazo, sino posiblemente durante los primeros años de vida de su hijo. Enfrentemos rápidamente esta verdad: te perderás muchas cosas. Tu vida ya no será despreocupada, por lo que no podrás dejar todo para salir con tus amigos sin hijos. Mientras te pierdes esos emocionantes eventos, ganarás una nueva emoción al criar a tu pequeño ser humano. Ver a tu bebé dar su primer paso o escucharlo decir su primera palabra, compensará la diversión que podrías haber tenido con tus amigos. Ahora tu vida estará llena de momentos memorables, irrepetibles. Si tienes un buen sistema de apoyo, tampoco tienes que perder el contacto con las personas que te importan. Cuando tu hijo sea lo suficientemente mayor para pasar la noche afuera, permítele quedarse con alguien en quien confíes. Es probable que tú y tu esposa disfruten más de esos planes ya que, al día siguiente, cuando vayas a buscar al bebé, probablemente estarás tan feliz de verlo que no te quejarás ni siquiera de cambiar un pañal sucio.

Por último, muchos futuros papás temen tener lo que se suele llamar el "cuerpo de papá". Por mucho que esto sea un chiste generalizado, no todos los papás ganan ese peso extra o desarrollan una "panza cervecera". A medida que tu familia crezca, tendrás menos tiempo para hacer ejercicio. Sin embargo, si te esfuerzas en mantenerte activo y evitar ganar peso, podrás lograrlo. A medida que tu hijo crezca, podrá unirse a tu rutina de ejercicios. Y antes de eso, no hay ninguna regla que diga que no puedes usar a tu bebé o niño pequeño como peso. Imagina que tu hijo es una mancuerna de 7 kilos y haz que esos bíceps trabajen. Las risas de tu hijo mientras lo levantas y bajas podrían motivarte aún más.

LAS COSAS QUE TODO PAPÁ MODERNO DEBE SABER

Ahora que te has enfrentado a algunos de los miedos que te quitan el sueño, vamos a profundizar en tu miedo a no ser un buen papá. Al igual que el cuerpo de tu esposa está hecho para dar a luz a un bebé, tu cuerpo está diseñado para ser papá. ¿Quieres pruebas? Un estudio mostró cambios fisiológicos y neurológicos específicos en el cuerpo de un hombre poco antes de convertirse en papá (McKay, 2013).

Uno de los signos más significativos son los niveles de testosterona. Para ayudarte a ser más cariñoso, tus niveles de testosterona bajarán alrededor de un tercio unas tres semanas antes de que nazca tu bebé (McKay, 2013). No te preocupes. Esto no afectará a tu masculinidad para siempre. Estos niveles se elevarán de nuevo a niveles normales alrededor de seis semanas después del nacimiento de tu bebé - casualmente, alrededor del mismo tiempo, la mayoría de los médicos recomiendan que es seguro para mamá volver a ser sexualmente activa. ¡Se acercan días felices! Además, impresiona a tu mujer con tus amplios conocimientos mencionando este hecho durante una conversación. Ella quedará impresionada y tú parecerás un superpapá.

Al bajar la testosterona, tu cerebro también estará más sintonizado con el llanto del bebé. Esto demuestra que la excusa de no oír llorar al bebé por la noche no es válida. ¡Lo siento muchachos!

Además, recuerda que cada futuro papá lleva el embarazo y el nacimiento de su bebé de forma diferente. Mientras que algunos hombres se asombran al ver a sus parejas empujando al bebé por el canal del parto, otros temen que ver esto pueda tener un efecto en el deseo que sienten por sus parejas. Si perteneces a este grupo, no dejes que eso te cause estrés. Puede que te sorprenda tanto lo que el cuerpo de tu esposa es capaz de hacer durante el parto, que tu amor y tu deseo por ella se disparen. Recuerda que no tienes por qué ver de cerca el nacimiento de tu bebé. Puedes estar junto a su cabeza y apoyarla durante el proceso. Cuando oigas llorar a tu bebé, la maravilla del parto habrá terminado.

Si te han entrado náuseas al ver fotos de recién nacidos en Internet, no pasa nada. Los recién nacidos suelen estar cubiertos de vérnix caseosa (la sustancia blanca y cremosa de la que hablaremos más adelante), exceso de pelo y sangre. No siempre son la imagen perfecta que se ve en las películas. No dejes que el miedo a sentir asco por el aspecto de tu bebé te asuste y te ponga en una actitud negativa. El personal de enfermería limpiará todo eso. Incluso puede que te invada tanto el orgullo y el amor por tu bebé que no te importe su aspecto. Recuerda siempre que estás biológicamente diseñado para querer y cuidar a tu bebé. La prueba está, como he mencionado en el estudio.

Mientras te preparas mentalmente para la llegada de tu bebé, los futuros padres deben tener en cuenta su economía. Habla con amigos que tengan bebés y pregúntales cómo han afectado sus bebés a sus presupuestos. Mira cuánto cuestan los pañales, la leche de fórmula, las cremas y otros artículos de primera necesidad y planifica cómo puedes encajar todo eso en tu presupuesto. Si necesitas recortar en ciertos aspectos, empieza a hacerlo ahora para que estés acostumbrado a los cambios antes de que nazca tu bebé. Si puedes, compra los artículos más caros, como la cuna, el cambiador o el cochecito, al principio del embarazo, para liberar algo de dinero cuando se acerque el nacimiento del bebé. Si tienes poco dinero, no hace falta que compres estos artículos nuevos. Los bebés los usan poco tiempo y puedes encontrar artículos de segunda mano en excelentes condiciones.

Mientras te preparas para ser papá, es esencial que manejes tus expectativas. No todos los bebés son felices o tranquilos, y algunos son pequeños terrores. Haz las paces con el hecho de que tu bebé pueda ser un pequeño tirano. Si te preparas mentalmente para ello, es probable que tus niveles de frustración sean menores cuando tu bebé llore durante dos horas seguidas, que si esperas tener un bebé perfecto que nunca llore. Nunca he oído hablar de un bebé que no llore. Si tu mujer da a luz a una maravilla como ésta, tu bebé podría ser noticia en todo el mundo.

ENTENDIENDO TU SALUD MENTAL COMO PAPÁ PRIMERIZO

Controlar tus expectativas puede ayudarte mucho a preservar tu salud mental en este viaje de convertirte en papá. Los miedos y preocupaciones mencionados anteriormente pueden afectar gravemente el bienestar mental de un futuro papá, por lo que es importante reconocer cuándo sufre tu salud mental y cuidar de ti siempre. La mayoría de los hombres no están dispuestos a hablar del deterioro de su salud mental con sus parejas. ¿Cómo puedes quejarte de tu ansiedad mientras tu esposa está vomitando en el baño por las náuseas matutinas? (que duran todo el día) Puede que incluso te haga una mueca mientras vomita y te diga algo así como, "esto es tú culpa". Amigos, no se lo tomen como algo personal. Se siente mal.

Elige un momento en el que no esté devolviendo el desayuno, la comida o la cena en el baño para hablar con ella de tus miedos y tu ansiedad. Te sorprenderá que probablemente comparte muchas de tus preocupaciones. Está pasando por este embarazo contigo y puede que también se sienta insegura sobre cómo cuidar de tu pequeño. Por eso, hablar de sus sentimientos puede ayudarlos a los dos.

Si crees que no puedes hablar de tu ansiedad con tu pareja o un amigo, lo mejor es que te informes lo más temprano posible en el embarazo, razón por la cual estás leyendo esto. Cuanto más sepas y entiendas lo que está a punto de ocurrir, mejor podrás prepararte mejor para ello y sentirás menos ansiedad. Piensa que esto es como el entrenamiento previo a un gran partido. Si entrenas 10 veces más ahora, estarás más preparado y confiado para la realidad.

Veamos algunos de los factores de estrés más importantes que pueden aumentar tu ansiedad (algo totalmente normal, por cierto) en los próximos meses:

Cambios de vida

Todos los cambios pueden asustar, ya que implican muchos elementos desconocidos. Puesto que convertirse en padre es un cambio para toda la vida, puede provocar aún más ansiedad. Puede ser útil rodearse de otros papás, ya que oirlos hablar de sus

experiencias puede ser de gran ayuda. También puedes considerar la posibilidad de unirte a un grupo de Facebook para papás
primerizos. Son tus compañeros de conocimiento en esto.

Cambios en la relación

La relación con tu pareja cambiará. Pasará de ser tu pareja a
ser también una mamá. Tu hijo se convertirá en su prioridad
principal. Sin embargo, ser padres puede profundizar el vínculo
que ya comparten. Asegúrate de que hablen de otras cosas que no
sean el embarazo y el bebé. Asegúrate de que tengan citas
(aunque sean en pijama en el sofá de la casa).

Aislamiento

Especialmente durante los primeros meses después del nacimiento de tu bebé, correrás directamente a casa después del
trabajo para ayudar a tu pareja. Durante los primeros meses, no
podrás salir con tus amigos a un bar o ir a un partido de fútbol.
Este aislamiento puede provocarte ansiedad. Antes de ser padre,
tú estabas primero, así que practica el autocuidado en la medida
de lo posible. Pide ayuda a las abuelas, los abuelos, las tías y los
tíos, y escápate para dedicarte un tiempo a ti mismo cuando lo
necesites. Hazlo también por tu esposa, probablemente estarás
mucho menos gruñón cuando vuelvas a casa.

Ser el proveedor

Ya hemos mencionado las implicaciones económicas. Ser
responsable económicamente de otra vida puede provocar una
ansiedad extrema. Asegúrate de planificar y presupuestar todo lo
que puedas. Si es necesario, ahorra dinero siempre que puedas.

Puede que tengas que hacer las paces con tomar una o dos cervezas menos a la semana. Haz el funeral y llora esa cerveza. Todo saldrá bien. En una nota más ligera, ahora es el momento de empezar a memorizar algunos chistes. No importa lo aburrido que pueda ser tu humor, en cuanto nazca tu bebé estarás oficialmente cualificado para contar tus "chistes de papá". No dejes que nadie te frene, a no ser que tu esposa te mire con cara de te quiere matar. Si es así, para. Inmediatamente.

Haz un plan de parto

Para ayudar a calmar tu ansiedad durante este momento, puede ser útil empezar a trabajar en el plan de parto de tu mujer. Esto puede ayudar a reducir los elementos desconocidos que alteran la sensación de no tener control.

Pronto empezarás a acudir a las visitas prenatales del médico, por lo que es importante que comentes este plan de parto con el doctor. También debes recordar que es posible que las cosas no siempre salgan exactamente según lo previsto, pero no te preocupes de eso todavía.

Discute el plan de parto con tu esposa para asegurarte de que los deseos de ambos están incluidos en él. Cuando se acerque el final del embarazo, haz cuatro copias del plan: una copia para guardar en el bolso de hospital de tu esposa, otra para llevar encima, una copia para el médico y otra para el hospital o centro donde vayan a dar a luz. Hazle a tu esposa las siguientes preguntas para elaborar el plan de parto:

- ¿Quieres un parto en casa? ¿Quieres dar a luz en un centro de maternidad? ¿O prefieres dar a luz en el hospital?
- ¿Quién quieres que esté en la sala de parto?

- ¿Quieres usar un estilo específico de parto? Por ejemplo, agua, hipnoparto o Lamaze. Si es necesaria una cesárea, ¿tienes alguna solicitud específica?
- ¿Deseas que esté presente una asesora de partos o una doula?
- ¿Quieres algo para el dolor? Si su respuesta es sí, ¿qué tipo de tratamiento?
- ¿Quieres que suene música durante el parto?
- ¿Quieres alguna iluminación especial?
- ¿Quién quieres que corte el cordón umbilical?
- ¿Quieres que corten el cordón umbilical lo antes posible o prefieres esperar?
- ¿Vas a darle pecho al bebé? Si es así, ¿quieres darle pecho inmediatamente al nacer?
- ¿Quieres hacer contacto piel con piel o quieres que yo haga contacto piel con piel con el bebé? ¿Quieres guardar la sangre del cordón umbilical? De ser un sí, ¿qué preparativos has hecho?
- ¿Quieres conservar la placenta? Si dice sí, ¿qué medidas ha tomado?
- ¿Quién debe ser la primera persona a la que avises cuando nazca el bebé? Agrega sus contactos a la lista.
- ¿Cómo quieres dar a conocer que son padres?
- ¿Enviarás una foto a la gente para anunciar el nacimiento?
- ¿Cuánto tiempo quieres esperar antes de recibir visitas? ¿Quién quieres que te visite primero?

Cuando hayas terminado el plan de parto, haz copias y prepáralas. A medida que avance el embarazo, es posible que cambien algunos aspectos del plan de parto. Simplemente vuelve a hacer copias cada vez que cambien las cosas. Es mejor estar preparado que esperar a tener el borrador final y darse cuenta en camino al hospital, con una esposa en pleno proceso de parto, de que todavía hay que imprimir o hacer copias.

Si ya lo tienes listo y te comunicas con el ginecólogo-obstetra (OB-GYN) y el hospital, te sentirás mucho más relajado y preparado para lo que está por venir. Tu ansiedad disminuirá y podrás centrarte en otros aspectos del embarazo, consintiendo a tu esposa o jugando a escondidas con un amigo.

CONSEJO PRÁCTICO PARA NUEVOS PAPÁS

Habla con tu pareja cada vez que puedas. Suena a cliché, pero nunca se incentiva lo suficiente. Los dos están pasando por algo extraordinario pero totalmente desconocido, así que comunicar tus sentimientos a tu pareja los ayudará a estrechar aún más la conexión. Cuando hables con tu pareja, sé sincero sobre lo que sientes y empieza la conversación con frases en las que aparezca el "yo", como "me pone nervioso ser un mal papá" o "me da miedo no tener suficiente dinero para cuidar al bebé". De este modo, te haces vulnerable y abres la conversación para que ella pueda tranquilizarte o hacerte saber que tiene los mismos temores y que no estás solo.

Incluso puedes convertirlo en un pequeño juego en el que cada uno diga por turnos lo que siente. Es una forma excelente de que ambos hablen de las cosas que les causan ansiedad. Probablemente empezarás de forma superficial con frases como: "Me hace ilusión ser papá". Asegúrate de aportar algo de profundidad abordando preocupaciones reales. Esto puede hacer que te des cuenta de que tu pareja también la está pasando mal. Ten preparadas frases como "Me emociona criar contigo" o "Estoy deseando ver la increíble mamá que vas a ser" para tranquilizarla durante estas conversaciones.

Si no quieres empezar de golpe con sentimientos profundos o quieres ganarte unos puntos, abre la conversación con una frase como: "Estoy nervioso por lo que le pasará a tu cuerpo durante el embarazo". De este modo, estarás abordando una de tus emociones y al mismo tiempo le demuestras que te importa por lo que está pasando. ¡Un ganar-ganar!

Sé sensible a sus necesidades durante estas conversaciones. Asegúrate de que se sienta cómoda y no pongas mala cara ni hagas comentarios sarcásticos si te interrumpe en mitad de una frase para hacer pipí, otra vez. No puede evitarlo. Como no debería beber alcohol durante el embarazo, evita las ganas de abrirte una cerveza durante esta charla. Tendrás que aprender a mantener este tipo de conversaciones sin ningún tipo de valentía líquida.

2

APÓYALA

hora que hemos abordado algunos de tus miedos y causas de ansiedad, enfoquémonos en la persona más importante durante los próximos nueve meses: la futura mamá. Su cuerpo pasará por diversos cambios, desde hormonas descontroladas que, en un abrir y cerrar de ojos, la transformarán de tu cariñosa esposa a un Tiranosaurio Rex, antojos extraños (piensa en una hamburguesa con leche condensada y sardinas), hasta tener una barriga tan grande que no podrá ver sus pies. ¡Qué hermoso es que tu hijo esté literalmente creciendo dentro de ella! ¡¿No es increíblemente genial?!

Aunque ella esté pasando por todos estos cambios, el miedo al parto siempre estará presente. Tendrá que soportar un dolor insoportable empujando a un bebé de 4 kilos fuera de su cuerpo, o tendrá que someterse a una cirugía mayor para extraerlo de su vientre y luego será obligada a levantarse y caminar, horas después de la cirugía, para cuidar del bebé. Independientemente, estoy seguro de que la mayoría de las mujeres estarán de acuerdo conmigo en que el parto no es nada fácil.

Habrá momentos durante el embarazo en los que te sentirás

incapaz, ya que no hay mucho que puedas hacer para que todo esto sea más fácil. Sin embargo, comprender más sobre lo que está atravesando mental, emocional y físicamente ayudará a asegurar un embarazo feliz para ambos.

SEXO Y CAMBIOS EN EL CUERPO DURANTE EL EMBARAZO

Primero, hablemos de los cambios que su cuerpo experimentará. Uno de los primeros síntomas que probablemente experimentará es la hinchazón y dolor en los senos. Amigos, si valoran su vida, no intenten tocarlos (ni agarrarlos). Ni siquiera la abraces demasiado fuerte. Hablando en serio, es crucial que muestres respeto por el cuerpo de tu pareja durante este tiempo. Es una fórmula simple: esposa feliz = vida feliz.

Hablando de sexo, a menos que haya complicaciones en el embarazo y el médico de tu esposa no aconseje las relaciones intimas, generalmente es completamente seguro tener intimidad durante el embarazo. Sin embargo, es posible que ella no tenga ganas durante todo el embarazo, y definitivamente no querrá nada cerca de sus partes íntimas después de dar a luz. Cuanto más crezca su barriga, menos sexy se sentirá. Sus hormonas también podrían hacer que rara vez tenga ganas. El sexo también se volverá más incómodo a medida que su barriga crezca.

Otro síntoma que probablemente aparecerá temprano en el embarazo es la náusea extrema y el vómito, también conocido como "náuseas matutinas". No te dejes engañar por el nombre, ya que esto no solo ocurre por la mañana. La náusea puede atacar a tu esposa en cualquier momento del día o estar presente todo el día, todos los días. Las náuseas matutinas generalmente aparecen entre las semanas 6 y 8 de embarazo. El vómito también puede ser completamente inesperado, por lo que tu esposa podría vomitar frente a ti o incluso en medio de un centro comercial abarrotado. Prepárate para ayudarla a sentirse lo más cómoda posible. Es posible que quiera tu ayuda o que solo quiera espacio. La comunicación es clave aquí.

En lugar de sentirte asqueado por esto (créeme, cosas más asquerosas te esperan en la sala de parto), ayúdala comprando galletas saladas o de jengibre. Se sabe que ambas ayudan a disminuir los síntomas de las náuseas. Guarda algunas junto a la cama y asegúrate de que coma una al despertar, antes de que se mueva demasiado. Esto ayudará a calmar su estómago. Si se siente mal, nunca le preguntes qué hay para cenar. Ahombrate y cocina tu propia comida. Pregúntale si quiere comer y, si es así, qué le provoca. Si se siente demasiado mal, come en otra habitación para que no tenga que lidiar con el olor de la comida. Esto incluso podría hacer que disfrutes más tu comida, ya que no tendrás que verla luchar contra el impulso de vomitar. Si sus síntomas se vuelven muy graves, llévala al médico. Existen muchos medicamentos seguros durante el embarazo que pueden aliviar estos síntomas. La deshidratación también es posible en casos de vómitos severos, lo que puede ser peligroso para tu esposa y el bebé. Asegúrate de que beba suficiente agua.

Es posible que te sientas confundido por lo que quiere comer. Estos antojos suelen comenzar durante el primer trimestre del embarazo, pero pueden aparecer en cualquier momento. Son causados por una combinación de hormonas, deficiencias nutricionales y un mayor sentido del gusto y el olfato. Ten paciencia con cualquier antojo extraño que pueda tener, y si te envía a medianoche a buscar donas, sé un buen hombre y ve por ellas. Los minutos de sueño que pierdas valdrán la pena. De lo contrario, podrías perder más horas de sueño con una pareja de mal humor en la cama. La mayoría de los antojos son inofensivos, como productos lácteos, frutas, encurtidos o chocolate. Si las combinaciones de alimentos te incomodan, dale lo que quiere y sal de la habitación mientras lo disfruta.

Si sus antojos son extremadamente poco saludables, podrías intentar vencer esto animándola a comer una dieta saludable y equilibrada. Estos antojos, a menudo, son una forma en la que su cuerpo se asegura de obtener nutrientes, como hierro o calcio, que el bebé necesita para crecer. Si te aseguras de obtener todo lo que ella (y el bebé) necesitan, los antojos pueden disminuir. Si siguen los antojos, dale lo que quiere, pero con moderación.

Al discutir sus antojos con ella, elige cuidadosamente tus palabras. Sus hormonas están descontroladas, lo que puede resultar en cambios de humor tan severos que podrías querer correr a esconderte. Pero, sea lo que sea, ¡no corras! Ella está cargando a otro ser humano, y su cuerpo está tratando de descubrir qué está pasando. Literalmente está creando un milagro dentro de ella. Y, por mucho que lo intente, no puede controlar sus hormonas o sus estados de ánimo la mayor parte del tiempo. Puede pasar de ser la futura mamá más feliz a llorar desconsoladamente en cuestión de minutos. Esto es normal, especialmente al principio y nuevamente hacia el final del embarazo. Comparte su emoción cuando esté feliz, consuélala cuando esté llorando (incluso si no hay razón alguna) y escúchala cuando necesite desahogarse.

Si olvida por qué estaba llorando o la causa de su enojo en medio de una oración, no corras a buscar a un neurocirujano ni planees un tratamiento para la demencia. El aumento hormonal en su cuerpo y los cambios fisiológicos en su cerebro pueden llevar a lo que comúnmente se llama "cerebro de embarazo". Puede volverse muy olvidadiza y tener dificultades para completar tareas. Existen estudios que han encontrado que las mujeres embarazadas tienen menos materia gris en las áreas del cerebro que manejan las habilidades sociales y el establecimiento de relaciones (Barth, 2020). Muchos creen que esta es la forma en que la mamá se preparará para cuidar a su pequeño. Es otro dato del embarazo con el que puedes impresionar a tu esposa. ¡Llevas buena racha!

Lidiar con el "cerebro de embarazo" puede ser frustrante no solo para ti, sino también para ella. Ayúdala siendo amable y asegurándote de que duerma lo suficiente, beba suficiente agua y juegue juegos que estimulen la función cerebral.

El estrés y la ansiedad también pueden contribuir a que se sienta confundida y olvidadiza. Ayúdala a aliviar el estrés hablando sobre sus miedos, haciendo listas de tareas por hacer o dándole masajes para ayudarla a relajarse. ¿Quién sabe? Estos masajes podrían incluso llevar a algo más... ¡Probablemente a una buena noche de sueño para ambos! No sé en qué estabas pensando, pero no todo tiene que ser sucio o sobre sexo. Vamos, futuro papá, ¡concéntrate!

SIGUE SALIENDO CON TU ESPOSA Y PLANIFICA UNA "BABYMOON"

Este es el último momento en el que tú y tu esposa podrán salir sin tener que coordinar con una niñera. Pronto te sentirás como un adolescente otra vez, teniendo que pedir permiso para salir a tus padres (o a tu niñera). Aprovecha este tiempo. Planifica citas románticas, pero hazlo sin tener expectativas de un "final feliz". Tu esposa podría no estar de humor o sentirse demasiado incómoda para un "baile horizontal". Sin embargo, si eres romántico y le demuestras que la amas y la aprecias mejorarán en gran medida tus probabilidades.

Si quieres ganarte una medalla del esposo del año, planea una última escapada solo para ti y tu pareja antes de que nazca el bebé. Este pequeño viaje suele llamarse "babymoon" y será la última vez que puedan relajarse juntos antes de convertirse en padres. Al planear esta escapada, ten en cuenta la condición de tu esposa. No podrá consumir alcohol, ni sushi, ni hacer nada aventurero.

Ahora no es el momento para planear saltos en bungee o buceo en alta mar. Tus nadadores ya han hecho lo suficiente.

En cambio, planifica actividades que ambos puedan disfrutar. Esto podría incluir un picnic relajante, un paseo por la playa, turismo o simplemente pasar tiempo juntos. Todo lo que tu futura mamá podría desear es una cama king size (¡para dormir!), comida a la habitación y un aire acondicionado (especialmente si está embarazada durante el verano, ya que probablemente se sentirá como un calentador). Alternativamente, averigua qué le gustaría hacer a tu esposa.

Asegúrate de planear este viaje con tiempo. Si lo dejas para muy tarde en el embarazo, corres el riesgo de que tu esposa entre en trabajo de parto durante el viaje. Lo último que querrán es tener que buscar un hospital desesperadamente, en una ciudad que no conocen. Además, podría surgir una complicación con el embarazo que lleve a su médico a desaconsejar que viajen. No importa cuándo planifiques este "babymoon", siempre es bueno investigar si hay un buen hospital cerca. Las complicaciones durante el embarazo pueden aparecer de repente. Sin embargo, no temas la posibilidad de cualquier complicación. Te estás preparando con la información correcta para estar lo más listo y confiado posible.

SALUD MENTAL DURANTE Y DESPUÉS DEL EMBARAZO

El embarazo, especialmente los dos primeros meses de paternidad, puede ser una montaña rusa, llena de hormonas, emociones y falta de sueño para tí y tu pareja. Como hemos mencionado en el Capítulo 1, por eso es tan importante estar constantemente pendiente de tu salud mental y buscar el apoyo necesario en caso de que tu salud mental decaiga.

Los cambios de humor que acompañan al embarazo suelen afectar a la salud mental de la embarazada y de su pareja. Puede que llore sin motivo y se moleste por cosas que normalmente no le importan. Esto, combinado con el estrés de ser madre, puede provocar ansiedad y depresión. Lo mismo ocurre con el futuro papá. Tu dulce esposa puede parecer a veces un monstruo emocional. Esto puede hacer que sientas impotencia y como si no pudieras hacer nada bien.

La pendiente resbaladiza hacia problemas de salud mental como la depresión y la ansiedad durante el embarazo puede hacer esta experiencia aún más aterradora. Por eso es tan importante que hables con tu médico en cuanto sientas síntomas comunes como estrés y preocupación, tristeza, pérdida de apetito (o comer en exceso repentinamente), agitación y falta de interés por las cosas que te gustan.

Por mucho que sea esencial ser consciente de tu salud mental durante el embarazo, es aún más importante cuidarla después de que nazca el bebé. Puede que hayas oído hablar de los "baby blues" o la "depresión posparto", pero es importante que sepas qué significa exactamente y cuáles son los signos que hay que tomar en cuenta para que tú o tu pareja puedan recibir el apoyo que necesitan. No te sientas abrumado por la cantidad de términos y posibles experiencias aterradoras. En lugar de eso, considéralo simplemente como estar al tanto de los efectos potenciales sobre tu bienestar mental y el de tu pareja. Recuerda que a través de la concienciación y la y la educación, se adquieren conocimientos y confianza.

Hablemos primero de la salud mental de la nueva mamá. Por

mucho que esté emocionada de traer una vida al mundo, puede que no siempre le afecte tan positivamente como muchos piensan. Es mucho más común de lo que la gente cree: Una de cada ocho nuevas mamás sufre de algún tipo de depresión posparto (Gomstyn, 2022). Como verás a continuación, el nivel de depresión que puede experimentar una nueva mamá puede variar de leve a severo.

Tristeza posparto ("baby blues"). Es el problema de salud mental más común que sufren las mamás después del parto. Los síntomas suelen durar entre un par de días y dos semanas:

- Problemas para dormir
- Irritabilidad
- Falta de concentración
- Ansiedad
- Tristeza y llanto
- Falta de apetito
- Sensación de agobio

Depresión posparto. Suele considerarse tristeza posparto cuando empieza, pero los síntomas duran más y pueden ser tan graves que disminuyen la capacidad de la madre para realizar las tareas cotidianas o cuidar del bebé. Los síntomas de la depresión posparto no siempre empiezan justo después del parto; pueden comenzar durante el embarazo o hasta un año después del nacimiento del bebé:

- Sentirse deprimida
- Sentirse desesperanzada, inadecuada o inútil
- Aislamiento de amigos y familiares
- Incapacidad para establecer vínculos afectivos con el bebé

- Llanto constante
- Falta de energía
- Irritabilidad o enfado extremos
- Pensamientos de hacerse daño a sí misma y/o al bebé

Psicosis posparto. Esta afección es poco frecuente y puede tener consecuencias potencialmente mortales si no se trata. Los síntomas suelen empezar alrededor de una semana después del nacimiento del bebé:

- Desorientación y sensación de confusión
- Paranoia
- Agitación extrema
- Pensamientos obsesivos, especialmente sobre el bebé
- Alucinaciones y delirios
- Intentos de hacerse daño a sí misma y/o al bebé

Como ya se ha mencionado, la depresión posparto también puede afectar a nuevos papás. Al igual que puede afectar a una nueva mamá, ser un papá nuevo, deprimido no significa que seas débil o un fracasado. Se trata de una afección médica llamada depresión posparto paterna y presenta los mismos síntomas que en las mamás. Un estudio demostró que aproximadamente uno de cada diez nuevos papás padece este trastorno mental (Gomstyn, 2022). Se sabe que los siguientes son factores de riesgo para que los nuevos papás desarrollen depresión posparto paterna:

- Antecedentes de depresión u otros trastornos mentales
- Dificultades económicas
- Problemas en la relación con su pareja

- Ser muy joven

Ya hemos mencionado que mantener conversaciones abiertas con tu pareja puede ayudar a aliviar los síntomas leves de depresión y ansiedad. Sin embargo, si los síntomas duran más de dos semanas después del nacimiento de tu bebé, empeoran o afectan tu capacidad para cuidar de su bebé, puedes beneficiarte de buscar ayuda de tu médico de atención primaria. No es vergonzoso buscar la ayuda que necesitas; lo vergonzoso es creer que no la necesitas y hacer que esta experiencia sea aún más dura de lo necesario. No seas esa persona.

Pide ayuda si la necesitas. Ayuda a tu pareja si tiene dificultades. Sé consciente de lo que ocurre y utiliza los conocimientos adquiridos para actuar con confianza. Cuanto antes obtengan tú y tu pareja la ayuda que necesitan, mejor será para toda la familia, especialmente para el nuevo bebé.

CONSEJO PRÁCTICO PARA NUEVOS PAPÁS

Lleva a tu esposa a una cita. Puede que sea lo último en lo que los dos piensen, ya que sus pensamientos están consumidos por el embarazo y la crianza de un hijo. Sin embargo, este es el momento perfecto para demostrarle que eres consciente de lo increíble que es este viaje en el que ambos se están embarcando. Llevará a tu hijo durante nueve meses. Hazle saber lo especial que es.

3
EL CALENTAMIENTO PREVIO
AL PARTIDO

¡Weepaa! Ahora tienes una mejor comprensión de lo que esperar durante el embarazo de tu esposa. Estás al tanto de los cambios que su cuerpo está atravesando y que nunca debes juzgar o hacer comentarios sobre alguno de sus extraños antojos. También sabes que siempre debes estar atento a los signos de ansiedad y depresión en ella y en ti mismo.

Mientras tener un conocimiento general de lo que viene es importante, también lo es entender los diferentes trimestres del embarazo y qué esperar durante cada uno de ellos. Los nueve meses o cuarenta semanas de embarazo se dividen en tres trimestres, aunque muchos profesionales abogan por que los primeros tres meses de vida del bebé sean considerados como el cuarto trimestre — otro dato con el que puedes impresionar a tu esposa. Empecemos desde el principio y discutamos todo lo que necesitas saber sobre el primer trimestre o el calentamiento previo al partido del embarazo.

EL PRIMER TRIMESTRE DEL EMBARAZO

Como quizás ya sepas o puedas adivinar (¡puntos para ti!), el primer trimestre del embarazo es la etapa más temprana del embarazo (o semanas 1 a 13). Las semanas de embarazo se cuentan a partir del primer día del último período menstrual de la mujer antes de quedar embarazada, por lo que la cuenta comienza antes de que realmente quede embarazada.

Los síntomas del embarazo pueden variar de una mujer a otra, e incluso de un embarazo a otro. Si está teniendo un embarazo difícil ahora, no significa que los embarazos futuros sean iguales. En general, el primer trimestre no es siempre el momento más agradable para la futura mamá. Su cuerpo pasa por el shock de las hormonas y cambios drásticos para prepararse para acoger a tu pequeño humano durante nueve meses. Como ya hemos mencionado, podría comenzar a experimentar náuseas matutinas, senos sensibles, cambios de humor y antojos, pero hay muchos otros síntomas asociados con el primer trimestre:

Sangrado

Mantén la calma si tu esposa te dice que está preocupada por algún sangrado. El sangrado excesivo puede ser un signo de aborto espontáneo (lo discutiremos más adelante), pero un ligero sangrado puede esperarse. Esto se llama sangrado por implantación y es simplemente el resultado del embrión implantándose en su útero. Nunca hagas una mueca cuando te muestre el sangrado o cualquier otro flujo en el papel higiénico. Por muy desagradable que pueda ser para ti, ella probablemente esté muy asustada. Si hay alguna preocupación sobre cualquier forma de sangrado, siempre es mejor consultar con el médico.

· · ·

Flujo Vaginal

Hablando de lo que podría aparecer en el papel higiénico después de que ella se limpie, el flujo vaginal excesivo también es muy común. Siempre y cuando este flujo sea ligero y lechoso, es perfectamente normal. Sin embargo, llama al médico si alguna vez se vuelve amarillo o verde y tiene un olor fuerte. De nuevo, evita referirte a este flujo como "asqueroso" o mencionar lo mal que huele. En cambio, sé un buen esposo y cómprale protectores diarios para aliviar la incomodidad que pueda causarle este flujo.

Estreñimiento

El aumento de hormonas en su cuerpo puede retardar las contracciones musculares que mueven los alimentos a través de su sistema digestivo, lo que puede provocar gases excesivos, hinchazón y estreñimiento. Asegúrate de que coma suficiente fibra y beba mucha agua para ayudar con esto. A menos que tu relación esté en ese nivel de confianza, nunca te burles ni comentes sobre los sonidos u olores si se tira un pedo frente a ti. Si valoras tu vida y tu relación, haz como si nunca hubiera pasado.

Fatiga

El primer trimestre del embarazo puede agotar su cuerpo, causando fatiga extrema. Déjala tomar una siesta mientras tú te ocupas de algunas de sus tareas de la casa. Nunca la hagas sentir culpable por necesitar dormir o comentes sobre la cantidad de siestas que ha tomado en un día. Lo más importante, nunca te quejes de lo cansado que estás. Créeme, ella está al menos 10 veces más cansada que tú.

· · ·

Micción frecuente

Tu esposa estará haciendo pis como nunca. Su útero se está expandiendo rápidamente para hacer espacio para el bebé en crecimiento, lo que crea mucha presión sobre su vejiga. Asegúrate de que no reduzca el consumo de líquidos por esta razón. Su cuerpo necesitará los líquidos para que el bebé crezca. En su lugar, muestra tu consideración comprando más papel higiénico. Compra el de dos capas, si no lo usan habitualmente. La piel en esa zona será más sensible a medida que avance el embarazo, por lo que gastar un poco más en papel higiénico hará su vida mucho más agradable.

Acidez estomacal

Este es un problema común del que muchas mujeres embarazadas se quejan, y nuevamente, las hormonas son las culpables. Para ayudar a aliviar estos síntomas, haz que coma comidas más pequeñas a lo largo del día y evita los alimentos grasos. Si le resulta tan molesto que le dificulta comer, consulta con un médico. Existen muchos medicamentos que puede tomar y que son seguros durante el embarazo.

Crecimiento del bebé

Aunque la barriga de tu esposa probablemente no crecerá demasiado durante el primer trimestre, los cambios en su útero serán notables. En estas semanas, tu bebé pasará de ser un óvulo fertilizado a un feto completamente formado. Los principales órganos del bebé comenzarán a formarse. Veamos algunos de estos desarrollos:

- El sistema nervioso del bebé comenzará a formarse con un tubo abierto desde el cerebro hasta la médula espinal.
- Alrededor de la semana 6 del embarazo, podrías escuchar el latido del corazón del bebé en una ecografía. Late muy rápido: entre 120 y 160 latidos por minuto (Watson, 2020). Probablemente, tu corazón también latirá más rápido de la emoción al escucharlo por primera vez.
- El esqueleto blando del bebé comenzará a crecer, junto con su sistema digestivo, incluidos los riñones y los intestinos. Los pulmones también comenzarán a formarse pero no se desarrollarán completamente hasta el tercer trimestre.
- El bebé puede mover sus músculos, y podrás ver esto en una ecografía pero tu esposa aún no sentirá estos movimientos.
- Hacia el final del primer trimestre, tu feto comenzará a parecerse más a un bebé, con una cara, lengua, brotes de dientes, párpados, uñas y genitales. En la mayoría de los casos, estos genitales serán demasiado pequeños para determinar el sexo del bebé en este momento.
- Alrededor de la semana 13, tu bebé medirá aproximadamente 7.5 cm, unas 3 pulgadas (Watson, 2020).

Debes sentirte asombrado al leer todos estos cambios que el cuerpo de tu esposa está creando en el bebé. Muéstralo consintiéndola con algo que realmente disfrute, incluso si es solo un hogar tranquilo, limpio y ordenado donde pueda descansar.

Después de limpiar, utiliza esto como excusa para hacer algo que disfrutes.

Si quieres impresionar a tu pareja con tu extenso conocimiento sobre su embarazo, hay muchos lugares donde puedes obtener actualizaciones semanales sobre lo que esperar en cada semana del embarazo, el tamaño y desarrollo del bebé. Puedes registrarte en muchos sitios web sobre bebés para recibir correos electrónicos semanales o descargar aplicaciones en tu smartphone para hacer un seguimiento del embarazo.

VISITAS PRENATALES, EJERCICIO Y OTROS CONSEJOS

Deben hacerse algunas cosas durante el primer trimestre. Impresiona a tu pareja con tu conocimiento sobre esto, haz una lista de cosas por hacer y complétalas una por una. Cuantas más cosas marques en tu lista, más podrás relajarte y disfrutar de este viaje.

En la parte superior de tu lista debería estar el encontrar un médico para tu esposa. El especialista que trata los embarazos, los partos y la atención posparto es un obstetra, y un ginecólogo se ocupa de la salud reproductiva de las mujeres, entre otras cosas. Un médico que combina ambas especialidades se llama ginecobstetra (OB-GYN). Obtén lo mejor de ambos mundos haciendo una lista de todos los ginecobstetras de tu área. Al optar por un médico que se especializa en ambos campos, tu esposa también puede establecer una relación con esta persona para su atención ginecológica futura.

Si no vives en un sitio pequeño, probablemente tendrás una gran variedad de ginecobstetras para elegir en tu área. Averigua qué ginecobstetras están en la red de tu seguro médico, si tienen seguro de salud. Esto probablemente reducirá tu búsqueda. Si tienes un hospital preferido, mira qué especialistas tienen derechos quirúrgicos allí. Si tu esposa todavía no está segura de a quién elegir, habla con amigos o familiares que hayan tenido bebés recientemente, sobre sus experiencias con sus médicos o busca reseñas en línea.

Recuerda que la decisión del médico no tiene que ser definitiva. Si tu esposa no está contenta con el médico elegido, siempre puedes cambiar a otro. Incluso si te gusta el médico elegido, se trata de tu esposa y su atención, no de a quién prefieres tú. La mayoría de los ginecobstetras reservan espacios en sus horarios para mujeres embarazadas, por lo que no deberías tener demasiados problemas para obtener una cita con otro médico si es necesario.

Cuando tu esposa se decida por un médico, programa una cita. La mayoría de los ginecobstetras prefieren ver a sus pacientes hacia el final del primer trimestre y después cada cuatro semanas. Acompáñala a todas las citas. El médico hará una ecografía para que puedas ver a tu bebé y seguir su desarrollo. También le tomará la tensión a tu esposa, le hará un análisis de proteínas en la orina y la pesará para controlar su aumento de peso. Amigos, por muy tentados que estén de echar un vistazo al peso, no lo hagan nunca. Pronto, tu esposa se sentirá enorme e incluso puede que se avergüence del peso que está ganando (aunque todas las mujeres embarazadas deberían ganar peso). No empeores su experiencia mirándola. Si accidentalmente ves su peso, nunca hagas comentarios al respecto. Si dices algo como: "Wao, ahora pesas 10 kilos más que cuando nos conocimos", puede que pronto te encuentres soltero. Esto puede parecer de sentido común, pero ni siquiera el sentido común es siempre tan común. Sé su apoyo, no la persona que la hace sentir incómoda o se burle de ella.

Lo siguiente en la lista de cosas por hacer debería ser conseguir una excelente vitamina prenatal para tu esposa. Durante el primer trimestre, es esencial buscar una vitamina que contenga ácido fólico (al menos 400 microgramos [µg]), ya que éste tiene muchos beneficios para el desarrollo del cerebro y la médula espinal de tu bebé (Watson, 2020). Durante el segundo y tercer trimestre, asegúrate de que la vitamina prenatal que toma tu esposa sea rica en omega-3.

Si tu pareja fuma, ahora es un buen momento para dejar este hábito. Si tú también fumas, no seas ese tipo que fuma cerca de una embarazada. Por muy difícil que parezca, intenta dejarlo con ella. Tampoco será fácil para ella. Deshacerte de este mal hábito ahora también te lo pondrá más fácil cuando nazca tu bebé, ya que no querrás acercarte a un recién nacido con olor a humo.

El alcohol también está prohibido durante el embarazo. Si a mamá le provoca beber cerveza o vino, busca las opciones sin alcohol en tu licorería más cercana. También debe reducir el consumo de cafeína. Existe la creencia generalizada de que una taza de café al día es segura, así que asegúrate de que sea deliciosa para que ella pueda disfrutar de cada sorbo.

El ejercicio moderado es importante durante el embarazo. Ayudará a mantener sana a la futura mamá, limitará el aumento excesivo de peso, favorecerá la salud del bebé y reducirá el estrés y la ansiedad. Coméntale a tu médico los ejercicios que piensa hacer tu esposa. Especialmente durante las primeras etapas del embarazo, caminar, nadar, hacer yoga y clases de aeróbicos de bajo impacto suelen considerarse seguros. Lo que debe evitar es levantar mucho peso y hacer ejercicios en los que pueda caerse. Convierte esta actividad en un divertido ejercicio en pareja. También podría ser una gran oportunidad para estrechar lazos entre los dos; como dice el refrán: "Una pareja que suda unida, permanece unida." (DiDonato, 2014)

Otra cosa a tener en cuenta es dar la buena noticia a las personas que te importan. No hay un momento correcto o incorrecto para comunicárselo a tus seres queridos. Algunas personas lo comunican en cuanto obtienen un resultado positivo en la prueba de embarazo.

Otras esperan hasta después de la primera consulta prenatal, mientras que muchas esperan a compartir la alegría al principio del segundo trimestre, ya que el riesgo de aborto disminuye a medida que avanza el embarazo. La mayoría de las empresas exigen a sus empleadas embarazadas que informen a recursos humanos antes de las 12 semanas, así que recuerda pedirle a tu esposa que vuelva a comprobar la política del trabajo.

CUANDO CORRER AL MÉDICO

Aunque nunca hay que fijarse en los aspectos negativos, es esencial ser consciente de las señales que indican que las cosas podrían no ir según lo previsto. Entender a qué hay que prestar atención te ayudará a decidir cuándo llevar a tu pareja al médico o cuándo poner música relajante, darle un masaje o prepararle un baño de burbujas.

Sangrado abundante

Como hemos mencionado antes, un pequeño sangrado puede ser perfectamente normal. Sin embargo, si tu esposa experimenta una hemorragia intensa, deben acudir al médico inmediatamente, ya que puede significar un aborto espontáneo.

Dolor abdominal intenso

Es de esperar que durante el embarazo se produzca algún

dolor abdominal, ya que los ligamentos se estiran y el útero se expande para darle espacio al bebé en crecimiento. Si en algún momento este dolor se vuelve intenso o agudo, lo mejor es acudir al médico. Este dolor puede ser otro signo de aborto espontáneo o de embarazo ectópico, en el que el óvulo fecundado crece fuera del útero.

Mareos

Los mareos intensos pueden ser otro signo de embarazo ectópico, y a su vez puede ser un signo de presión arterial baja. Es importante tenerlo en cuenta, ya que si se marea tanto, puede desmayarse, y esta caída puede causarle daño al bebé.

Visión borrosa

Puede ser un signo de diabetes gestacional (niveles anormalmente altos de azúcar en sangre) o preeclampsia, una afección causada por la hipertensión arterial que también provoca la presencia de proteínas en la orina. Ambas afecciones pueden provocar complicaciones graves tanto para tu pareja como para el bebé, así que es mejor que la chequee un médico.

PROFUNDIZA EN LAS EMOCIONES

Ver a tu bebé por primera vez en una ecografía y oír los latidos de su corazón puede desencadenar toda una nueva ola de emociones: orgullo, emoción, euforia y el miedo del que ya hemos hablado. Aparte de hablar de tus emociones y miedos, hay muchas cosas que tú y tu pareja pueden hacer juntos para que su salud mental no decaiga durante este tiempo:

- Coman sano y con regularidad.
- Intenten hacer ejercicio moderado al menos de tres a cinco veces por semana.
- Sean realistas sobre sus expectativas de lo que ustedes, especialmente tu esposa, pueden hacer. Ahora no es el momento de que intente ser una supermujer. Ya está utilizando todos sus superpoderes para hacer crecer al bebé y es una mujer maravilla en la vida real.
- A menos que sea necesario, intenta no hacer cambios significativos, como mudarte de casa, durante este tiempo. Lleva una vida lo más tranquila y libre de estrés posible.
- Pasen tiempo con las personas que son importantes para ambos, que los hacen felices y que influyen positivamente en su vida.
- Si es posible, ponte en contacto con otras parejas embarazadas o que hayan tenido un bebé recientemente. Compartir tus experiencias y escuchar por lo que han pasado los demás puede ser extremadamente útil y los ayudará a prepararse para todos los posibles acontecimientos. Ten en cuenta que no todas las experiencias serán iguales. No dejes que la mala experiencia de otra persona te haga querer ir a sentarte en un rincón oscuro a llorar. Tu aventura durante el embarazo y el parto puede ser completamente distinta.

CONSEJO PRÁCTICO PARA NUEVOS PAPÁS

Pregúntale a tu pareja qué comida le apetece o qué cosas no quiere tener cerca. Su cuerpo y sus hormonas están cambiando, así que hazle saber que lo reconoces. Preguntarle qué quiere comer es una forma excelente de apoyarla y hacer que se sienta querida y apreciada.

4
LA PRIMERA MITAD

¡Bum! Has llegado a la fase de luna de miel del embarazo. El segundo trimestre se considera, generalmente, la etapa más divertida tanto para la mamá como para el papá. Las náuseas extremas y el cansancio que ella podría haber sentido durante el primer trimestre pronto desaparecerán, y tendrá unas semanas de descanso antes de que la incomodidad extrema de un bebé en crecimiento comience a afectarla en el tercer trimestre. ¡Ahora es un buen momento para irse de "baby-moon" antes de que el bebé nazca!

Durante las próximas semanas, si decides saberlo, probablemente descubrirás el sexo del bebé. Los movimientos del bebé también se harán más fuertes. Primero, tu esposa sentirá las patadas del bebé y luego tú también podrás sentirlas. El vientre de tu esposa crecerá más y más, y la barriga de embarazada será más notable. Ahora es el momento de perfeccionar tus habilidades como guardián, ya que extraños podrían empezar a tocarle la barriga. Este extraño fenómeno se agrava cuando el bebe nazca, ya que algunos intentarán tocar a tu precioso, pequeño humano. Mantén la mano fuerte y deshazte de cualquier muestra de afecto indeseada.

HAS SUPERADO EL PRIMER TRIMESTRE

Tu pareja ha superado el calentamiento previo al partido y ahora se encuentra en la primera mitad, es decir, en el segundo trimestre del embarazo. Este trimestre comienza en la semana 14 y continúa hasta la semana 27. A pesar de algunos síntomas molestos, como la acidez, es probable que tu esposa empiece a sentirse mucho mejor y con más energía. También es probable que ya no le duelan tanto los senos y que el aumento de los niveles de estrógeno juegue a tu favor, así que puede que tengas más suerte a la hora de ponerla juguetona.

Ya que sus niveles de energía han aumentado y su barriga está creciendo, ¿por qué no la llevas a comprar ropa de embarazada? La ropa no le quedará bien durante mucho más tiempo, y si esperas a que su barriguita se asome por las camisetas, puede que esté demasiado dolorida e incómoda para pasear por el centro comercial. Ayúdala en este viaje. No te quedes molesto en la entrada de las tiendas o en los pasillos del centro comercial, esperando a que tu esposa termine. Ayúdala a elegir la ropa o sorpréndela con algo que le guste más tarde en casa.

A medida que tu bebé crezca, sus movimientos serán más importantes. Entre las semanas 18 y 25, tu esposa empezará a notar estos movimientos. Al principio, parecerán aleteos, pero pronto se convertirán en buenas patadas. Sólo un par de semanas después de que tu mujer empiece a sentir los primeros movimientos, tú también podrás sentir las patadas de Karate Kid. Cuando hablamos de las metas semana a semana, durante el embarazo, ten siempre presente que cada embarazo avanza a su propio ritmo. Es posible que el tuyo no sea exactamente como se cree, así que si alguna vez te preocupa que no se alcancen las metas, coméntalo con tu ginecobstetra.

Hacia el final del segundo trimestre, es posible que a tu pareja le cueste ponerse suficientemente cómoda como para conciliar el sueño. Aquí tienes dos oportunidades más de impresionar a tu mujer. En primer lugar, aconséjale que duerma todo lo posible sobre el lado izquierdo, ya que así aumenta el flujo sanguíneo hacia el útero. En segundo lugar, y esto puede ser una movida digna de un premio para ti, cómprale una almohada para embarazadas. Esta almohada larga, en forma de C, sostiene la cabeza, el cuello, la barriga y la espalda en crecimiento. Una vez que nazca el bebé, esta almohada le resultará igual de práctica para acostarse durante la amamantada. Sin embargo, cuando el bebé crezca, guarda esta almohada bien lejos. De lo contrario, tu mujer podría empezar a quererla y abrazarla más que a ti.

A medida que avanza el embarazo, es posible que notes cambios en la piel de tu esposa. Debido al aumento de las hormonas, puede que vuelva a sentirse como una adolescente luchando contra el acné. Es posible que pronto aparezcan estrías, sobre todo en la barriga, los senos y las nalgas. Nunca hagas comentarios sobre estas estrías; considéralas un recordatorio más del milagro que su cuerpo está creando. El aceite de vitamina E puede ayudar a reducir la aparición de estas marcas y su uso es seguro durante el embarazo.

También pueden aparecer manchas oscuras en su cara, llamadas melasma, y una línea oscura en el centro de la barriga, llamada línea nigra. Estos cambios deberían atenuarse y desaparecer tras el nacimiento del bebé. Además, su piel se volverá más sensible. Asegúrate de aplicarle un protector solar con un factor de protección de al menos 30 cuando salga a la calle.

Hacia el final de este trimestre, tu pareja puede sentir dolores en el abdomen bajo. Esto se debe a la expansión del útero, que presiona y estira los ligamentos y músculos. También puede tener dolores de espalda causados por el exceso de peso que lleva en la barriga. Saca el aceite de vitamina E y úsalo de nuevo para darle un masaje relajante.

A muchas embarazadas les sangran las encías, y esto se debe a que las hormonas hacen que las encías se hinchen. Si a tu esposa le ocurre esto, cómprale un cepillo de dientes con cerdas más suaves para que lo use mientras tanto, y recuérdale que sea más delicada cuando use el hilo dental. Las hemorragias nasales también son más frecuentes durante el embarazo, ya que las hormonas pueden hacer que se hinchen las membranas mucosas de la nariz. Esto puede incluso hacer que tu esposa empiece a roncar. No te burles de ella por sus ronquidos. Ayúdala con un descongestionante apto para embarazadas o unas gotas de suero fisiológico para aliviar la acumulación de mucosidad en la nariz.

El segundo trimestre es un buen momento para buscar clases de parto y prenatales. Te ayudarán a prepararte para lo que te espera en la sala de partos, cómo ayudar a tu esposa durante el parto, qué pasará después del nacimiento del bebé y cómo cuidarlo una vez que te lleves a casa al nuevo miembro de la familia. Y lo que es más importante, esto te ayudará a darte cuenta de que no vas a romper al bebé por cargarlo en tus brazos, que esto está perfectamente bien y es de hombres ser tonto con tu hijo, y que puedes presumir todo lo que quieras.

Si quieres mejorar tu faceta de padre, infórmate sobre cómo hacer las mejores fotos o vídeos de un recién nacido. Mamá estará ocupada amamantando o cuidando al bebé, y una de tus primeras tareas será hacer el mayor número posible de fotos. Al final, las fotos, los vídeos y tus recuerdos serán todo lo que tendrás de los primeros días de tu bebé, así que asegúrate de no descuidar tus primeros deberes como papá. En lugar de eso, asegúrate una medalla de honor capturando los primeros días lo mejor que puedas.

EL TAMAÑO DE TU BEBÉ

Mientras tu esposa experimenta todos estos cambios, tu bebé crece a un ritmo constante. Muchos de sus órganos ya están completamente formados y el bebé puede tragar, succionar, abrir los párpados, tener hipo y oír tu voz. En esta etapa, tu bebé tendrá incluso sus propias huellas dactilares. El bebé empezará a pasar por ciclos de despierto y dormido.

Como tu bebé tiene líquido amniótico, un vello fino llamado lanugo y una vérnix caseosa, una capa cremosa y blanca, cubrirá todo el cuerpo del bebé. Esto protege la piel del bebé de estar constantemente en el líquido. Esta vérnix es absorbida por la piel, y es probable que los bebés nacidos después de la fecha prevista, no tengan restos de vérnix en la piel al nacer.

Al final del segundo trimestre, el bebé debe pesar alrededor de 1.4kg y medir 30.5cm (3 libras y 16 pulgadas), aproximadamente el tamaño de un pepino inglés (Watson, 2020b).

SEXO DEL BEBÉ

Otra parte emocionante del embarazo es conocer el sexo del bebé. Algunas personas prefieren esperar a que nazca el bebé y llevarse la sorpresa en la sala de partos, mientras que otras quieren saber lo antes posible. Saber lo que se espera puede facilitar los preparativos para la llegada del bebé si se quieren utilizar los colores tradicionales del sexo en la habitación o la ropa del bebé.

A menos que el bebé se encuentre en una posición difícil durante la ecografía, la mayoría de los ginecobstetras pueden determinar el sexo del bebé entre las semanas 16 y 20, aunque a veces puede verse en la ecografía ya en la semana 14. Por lo general, el ginecólogo busca la presencia de un pene. Si se ve un pene en la ecografía, el médico te dirá rápidamente que es un niño. Sin embargo, esto no siempre es exacto. Si tu bebé es tardío, o si el pene está escondido detrás del cordón umbilical o entre las piernas, puedes pensar que esperas una niña y llevarte la sorpresa más adelante.

Dile al médico si quieren que el sexo del bebé siga siendo una sorpresa. Si quieren saberlo, decidan cómo quieren enterarse.

Algunas parejas piden al ginecólogo que se lo diga durante una ecografía, mientras que otras quieren saberlo rodeados de sus seres queridos durante una fiesta de revelación del sexo.

Si quieren hacer una fiesta, puedes pedir a tu ginecobstetra que escriba el sexo del bebé en un papel cerrado en un sobre. Se lo puedes entregar a quien te ayude a mantener el secreto. A algunas personas les gusta poner plumas azules o rosas en un globo oscuro que la pareja embarazada debe reventar para revelar el sexo, mientras que otras mandan hacer una torta temática de color, en la que el sexo se revela una vez cortada. Decidan lo que decidan, asegúrate de contar con el equipo adecuado. No querrás pasarte una eternidad intentando explotar un globo con una aguja sin punta. También es mejor no llenar el globo con helio, ya que podrías soltarlo accidentalmente mientras te preparas para reventarlo. Si esto ocurre mientras un familiar te graba, podrías convertirte en el hazmerreir que se haga viral en las redes sociales.

Aparte de ver el pene (o la ausencia de pene) en la ecografía, hay otras pruebas que pueden ayudar a identificar el sexo. Como estas pruebas no suelen hacerse de forma rutinaria y pueden conllevar algunos riesgos, la mayoría de los ginecólogos no aconsejan hacerlas simplemente para determinar el sexo del bebé. Estas pruebas incluyen:

Amniocentesis

Se realiza para detectar problemas de desarrollo en un feto, como el síndrome de Down y la espina bífida. Se introduce una aguja larga en el útero para extraer líquido amniótico. Las pruebas realizadas con este líquido pueden indicar el sexo del bebé. Sin embargo, conlleva un riesgo de aborto, por lo que sólo se realiza si existe una preocupación importante sobre el desarrollo del bebé.

Muestra de vellosidades coriónicas

Es otra prueba que se realiza para diagnosticar el síndrome de Down en un feto. Mediante esta prueba, se extrae una muestra de la placenta. Esta arroja la información genética del bebé, incluyendo su sexo. Esta prueba también conlleva el riesgo de aborto espontáneo y parto prematuro.

Prueba prenatal no invasiva

Este análisis de sangre comprueba la posibilidad de un trastorno cromosómico. Suele hacerse si tienen un alto riesgo de dar a luz a un bebé con una anomalía cromosómica.

CONSEJO PRÁCTICO PARA NUEVOS PAPÁS

Pregúntale a tu pareja si le gustaría hacer una fiesta de revelación del sexo. Puede ser una forma estupenda de reunir a las familias y celebrar otra meta de tu futuro pequeño ser humano. Decide si quieres organizar esta fiesta tú mismo o si quieres pedirle a un familiar o amigo que sea el anfitrión. No olvides asegurarte de que la forma en que revelarán el sexo es infalible.

5
LA SEGUNDA MITAD

¡La recta final del embarazo! El tercer trimestre, que va desde la semana 28 hasta la semana 40 o cuando nazca el bebé, puede ser el más agotador para la futura mamá. Decir que estará incómoda se queda corto. Aunque este último trimestre solo dura 12 semanas, para ella se sentirán muchas más.

Tendrá la barriga enorme, probablemente se le hincharán las piernas, estará cansada de ir corriendo al baño a cada rato, y por mucho que la gente le aconseje que duerma antes de que nazca el bebé, le costará la mayor parte de la noche ponerse lo bastante cómoda para conciliar el sueño. Y si lo consigue, lo más probable es que sólo pueda estar acostada uno o dos minutos antes de tener que correr al baño para hacer pipí de nuevo. Tu bebé utilizará la vejiga como trampolín, rebotando en el útero como un auténtico gimnasta. Cada vez que esto ocurra, tu mujer tendrá que correr (o caminar) al baño lo antes posible.

Si alguna vez las cosas se ponen tan feas que te dan ganas de ahogarte en la poceta, recuérdate que en sólo un par de semanas todo por lo que han pasado habrá valido la pena. Pronto serán padres y tendrán a su pequeño ser humano en brazos.

¡MEDIO TIEMPO! REGALA BUENA VOLUNTAD DE "NUEVO PAPÁ"

"Convertirse en papá no tiene que ver con cuánto tienes, sino con cuánto estás dispuesto a dar. Es la inversión más profunda que jamás harás, con beneficios que duran toda la vida."

- Desconocido

¡Hola papás en construcción!

¿Cómo va este increíble viaje de convertirse en papá?

Espero que estés disfrutando este viaje. Quería dedicar un momento de pausa, porque sé que leer "¡Vas a Ser un Gran Papá!" es un poco como tener una conversación con un amigo de confianza sobre el alocado viaje del primer embarazo.

A estas alturas, probablemente te hayas reído con los momentos más divertidos, hayas asentido con la cabeza ante los consejos más perspicaces y quizá incluso hayas compartido algunos fragmentos con tu pareja. Me da curiosidad, ¿Cómo ha sido para tí el viaje hasta la mitad del libro?

Creo que tus experiencias y puntos de vista pueden ser increíblemente valiosos para otros en esta aventura.

Así que aquí tienes una invitación: Comparte tus reflexiones sobre la mitad del libro conmigo y con todos los futuros papás.

¿Qué es lo que más te ha llamado la atención? ¿Algún momento "Ajá"? Me encantaría saber cómo "¡Vas a Ser un Gran Papá!" está influyendo tu perspectiva sobre el emocionante camino hacia la paternidad.

Al compartir tus pensamientos, experiencias y el impacto que el libro ha tenido en ti, aportas información valiosa que puede guiar y tranquilizar a otros futuros papás.

Te pido humildemente tu ayuda.

¿Estarías dispuesto a compartir tu reseña, ya que puede ofrecer una visión de la aplicación en el mundo real de los consejos y herramientas que se ofrecen en el libro?

Tus palabras tienen el poder de inspirar y preparar a otros padres para los retos y alegrías que les esperan, fomentando un sentimiento de compañerismo y crecimiento mutuo en la comunidad de papás primerizos.

Por eso, deja una reseña, comparte tu historia y ayudemos a otro papá primerizo a sentirse bien como padre.

Tu regalo para otro papá primerizo cuesta sólo 60 segundos.

Sólo tienes que escanear el código QR de abajo:

Gracias por formar parte de esta comunidad conmigo.

Unámonos para ayudar a los papás primerizos a superar este nuevo y emocionante capítulo de la vida.

Ahora, continuemos nuestro viaje con el Capítulo 5.

QUÉ ESPERAR EN EL TERCER TRIMESTRE

Las mujeres que se encuentran en el tercer trimestre de embarazo suelen tener muchas molestias. El bebé está creciendo rápidamente y empezará a acercarse al canal del parto, lo que dificultará aún más que se sienta cómoda. Imagina que intentas hacer pasar una sandía por una manguera. Esto es lo que, en esencia, ocurrirá dentro de su cuerpo. Le costará hacer las tareas de casa. Ayúdala en todo lo que puedas. Lava la ropa, limpia la casa, lava los platos y prepara la cena. Cuanto menos tenga que hacer ella, más podrá descansar (o al menos intentarlo). Necesitará toda su energía para el parto.

Hablando de energía, si un día se levanta con ganas de limpiar, debes saber que el final del embarazo está muy cerca. Esto se llama anidamiento y significa que su instinto maternal le está haciendo saber que es hora de asegurarse de que todo está listo para la llegada del bebé. Muchas mujeres experimentan esta sensación uno o dos días antes de dar a luz. Si tu pareja siente este impulso, no intentes detenerla. Tus esfuerzos sólo provocarán una discusión y no conseguirás que se detenga. En lugar de eso, ayúdala en todo lo posible sin interponerte en su camino.

Si aún no has preparado la habitación del bebé, no esperes más. Dentro de un par de semanas traerás a tu pequeño ser humano a casa. Asegúrate de que todo esté listo. Busca un cambiador a una altura cómoda para que ni tú, ni tu esposa, tengan que agacharse cada vez que cambien el pañal del bebé. Busca una cuna y una silla cómoda para dar de comer al bebé. Esto será especialmente útil durante las amamantadas nocturnas.

También deberías buscar una silla para el carro y un cochecito para llevar al bebé a casa con seguridad. Decide lo que realmente necesitas antes de poner un pie en una tienda de bebés. Hay muchos artículos en el mercado que los bebés rara vez utilizan, y a menos que tengas medios económicos para derrochar en artículos que sólo se usarán una o dos veces, asegúrate de lo que realmente necesitas. El personal de ventas de la tienda de bebés tratará de convencerte de que compres mucho más de lo que realmente puedes permitirte y vas a utilizar. Sé fuerte y no caigas en sus dulces sonrisas y consejos "amistosos". No son más que tácticas de venta.

Aparte de estar incómoda, ella experimentará más dolores hacia el final del embarazo. Los ligamentos y músculos de la barriga se estirarán al máximo. Le dolerá la espalda la mayoría de los días debido al peso extra que lleva encima. Es posible que se le hinchen los pies y le duelan al caminar. Cuanto más descienda el bebé por el canal del parto, más dolor sentirá en la zona pélvica. Algunas mujeres incluso describen dolores agudos, como puñaladas, en la vagina. Todo esto es normal. Dale un masaje, puede ayudar a aliviar algunos de estos dolores, o consíguele almohadillas térmicas. ¡Puntos extra! Parecerá que te preocupas mucho por ella. Si no, deja que se relaje en un sofá cómodo y atiendela cuando estés en casa. Aunque no lo diga ni lo demuestre, agradecerá cualquier ayuda.

A medida que avanza el embarazo, ella puede empezar a experimentar contracciones de Braxton Hicks. Se trata de contracciones leves e irregulares que ayudan al cuerpo a prepararse para el verdadero parto. En la mayoría de los casos, son molestas y pueden provocar una ligera presión en el abdomen. Cuanto más se acerque la fecha del parto, más intensas serán estas contracciones de práctica. Las contracciones de Braxton Hicks hacen que muchas mujeres corran al hospital pensando que están a punto de dar a luz. Si conoces y comprendes la diferencia entre Braxton Hicks y el verdadero parto, no sólo podrás calmar a tu esposa y evitar que corra al hospital, sino también la impresionarás con tus amplios conocimientos. ¡Otro premio al esposo del año se está cargando!

La forma más fácil de determinar si sus contracciones son de Braxton Hicks o de parto verdadero, es dejarla caminar o moverse. Las contracciones de Braxton Hicks tienden a desaparecer en cuanto la futura mamá se mueve, mientras que el parto verdadero sólo se detendrá cuando haya nacido el bebé. Otra forma de determinar a qué te enfrentas es medir el tiempo. Las verdaderas contracciones de parto serán regulares y se intensificarán en fuerza y frecuencia, mientras que las de Braxton Hicks serán irregulares y se debilitarán hasta desaparecer por completo. Las contracciones de Braxton Hicks sólo se notarán en la zona abdominal, mientras que el parto verdadero se notará en el abdomen y en la parte baja de la espalda.

A medida que el bebé descienda por la pelvis de tu esposa y se introduzca en el canal del parto, ella se convertirá en una máquina de hacer pis, incluso más que antes. El bebé, la placenta y el útero empujarán su vejiga, provocando que haga pipí mucho más que antes. La presión del bebé al caer puede hacer que tu mujer se hinche ahí abajo, estirando la piel. ¿Recuerdas el papel higiénico de dos capas que te aconsejé comprar? Si aún no lo has hecho, ahora es el momento. La piel estirada puede doler e irritarse rápidamente, sobre todo con todas las limpiezas de los frecuentes viajes al baño.

Si quieres llevar a tu esposa a una última cita antes de la llegada del bebé, asegúrate de llevarla a algún sitio en el que esté cómoda y no tenga que caminar mucho. Llevarla a comer y/o a ver una película puede ser una buena forma de que se relaje. Si optas por ir al cine, reserva las entradas con suficiente antelación para asegurarte de que puedas conseguirle un asiento en el pasillo, ya que probablemente tendrá que hacer un par de pausas para ir al baño durante la película. Si tienes cerca un cine con butacas reclinables, gástate un poco más de dinero en ese cine, ya que serán mucho más cómodas para ella. A la hora de elegir la película, ten en cuenta que esta cita es para mimarla, así que elige algo que le guste y quiera ver. Investiga de antemano la duración de la película, ya que no querrás llevarla a ver algo de tres horas. Incluso en el sillón más cómodo, se sentirá incómoda tanto tiempo.

También puedes pensar regalarle una pedicura, puedes hacerla tú o en un salón de belleza o spa. Con el crecimiento de su barriguita, no podrá llegar con seguridad a sus pies y dedos adoloridos, para recibir los cuidados que se merece. Durante el parto, es probable que tenga los pies en los estribos, ¡Sus patas estarán afuera! Asegúrate de que no se avergüence del estado de sus pies. Ya que hablamos de cuidado personal, ayúdala afeitándole las piernas y, si lo prefiere, recórtale o aféitale también la vagina. Es probable que hayan pasado un par de semanas desde la última vez que pudo ver allí abajo, e incluso con todos los espejos del mundo, le costará limpiar su zona de abajo. Su vagina será la principal atracción durante el parto, así que ayúdala para que esté en las condiciones que ella prefiera.

Es bueno que practiques tu respuesta a preguntas como "¿Me veo gorda?" o "¿Tengo la barriga enorme?". Si tienes respuestas preparadas para estas preguntas tramposas, podrás contestar rápidamente con una sonrisa y sin vacilar. Una respuesta sugerida sería algo como: "Para nada. Estás preciosa".

Por último, al llegar al final del embarazo, podría desesperarse por dar a luz. Los cuentos de señoras hacen creer a la gente que beber aceite de ricino o comer Vaselina puede ayudar a provocar el parto. Sin embargo, los profesionales de la medicina lo desaconsejan, ya que pueden causar graves daños a la futura mamá y al bebé. Pueden probar otras opciones más seguras, como caminar, rebotar con cuidado en una pelota de yoga o comer alimentos picantes (mejor evitarlos si sufre acidez estomacal). Otra opción que cuenta con cierto respaldo científico son las relaciones sexuales. Las teorías que explican por qué es el método preferido para iniciar el parto son las siguientes:

Tener un orgasmo puede ayudar a estimular el útero para que inicie verdaderas contracciones de parto.

Tu semen puede ayudar a madurar la abertura del cuello uterino. Las relaciones sexuales, sobre todo la estimulación de los pezones, provocan la liberación de oxitocina, la misma hormona que ayuda a provocar las contracciones.

Si tu pareja está de acuerdo en intentarlo, tómate tu tiempo para encontrar una posición que la haga sentir bien, y trabaja en torno a la barriga gigante tanto como sea posible. Si no se siente bien, no la presiones. Está muy incómoda y es una mamá fantástica que ya está criando a tu pequeño ser humano. Sé amable con ella en todo momento. Está agotada.

Sin embargo, hay casos en los que el sexo se convertirá en un no rotundo. Por ejemplo, después de romper fuente, si tiene placenta previa (su ginecólogo le informará durante una ecografía si se trata de un problema) o si sangra. Lo mejor es hablarlo siempre con su ginecólogo para evitar que tu pene perjudique al nuevo miembro de la familia.

EL DESARROLLO DE TU BEBÉ

Cuando tu esposa llega al tercer trimestre de embarazo, el bebé ya ha completado un desarrollo importante. Sus pulmones han madurado, pero no podrá respirar hasta alrededor de las semanas 36 a 38. Sin embargo, empezará a practicar la respiración alrededor de la semana 32. Como todos los demás órganos importantes estarán listos para que tu bebé sobreviva fuera del útero, ahora empezará a ganar peso (y lo hará rápidamente) para asegurarse de que tiene suficiente grasa en su cuerpecito para mantenerse caliente después de nacer.

Sus pupilas reaccionarán a la luz y sus huesos se endurecerán. Podrá chuparse el dedo y llorar. El lanugo, o capa de vello de su cuerpo, empezará a desaparecer y su piel absorberá la vérnix caseosa, esa capa blanca y cremosa que protege su piel del líquido amniótico. Al llegar a la fecha prevista del parto, el bebé promedio mide 50cm (20 pulg.) y pesa unos 3,4kg (7,5 lb.) (Healthdirect Australia, 2020).

Aunque el embarazo suele durar 40 semanas, se considera que el bebé está a término a partir de la semana 37. Algunos embarazos duran más de 40 semanas. Por lo general, el ginecobstetra considerará la posibilidad de inducir el parto si este no ha comenzado de forma natural en la semana 42.

¡TU HIJO YA CASI ESTÁ AQUÍ! PIENSA EN UN NOMBRE

Ponerle nombre a tu hijo será una de las decisiones más importantes que tomarás. Es una decisión que tu hijo llevará consigo toda la vida, así que considéralo detenidamente. Es posible que familiares los presionen para que continúen con los nombres heredados de la familia, pero al final, el nombre que decidan ponerle a tu hijo no tiene nada que ver con nadie más que contigo y tu pareja. Veamos algunas de las cosas que deberías tomar en cuenta a la hora de decidir un nombre:

Olvídate de las modas

Muchas personas recurren a las últimas tendencias para decidir el nombre de su hijo. Con demasiada frecuencia, estas tendencias pasan rápido, y tu hijo podría quedarse con un nombre que podría sonar ridículo dentro de un par de años. Cuando quieras utilizar una tendencia como nombre, piensa en cómo sonará este nombre dentro de 10 o 20 años. ¿Tu hijo tendrá que explicar a diario cómo consiguieron ese nombre? ¿Avergonzará este nombre a tu hijo? Quizás te des cuenta de que llamar "Baloncito" a tu hijo, nacido en plena temporada de la NFL, puede no ser la mejor idea.

Piensa en la ortografía

Otra cosa que hay que tener muy en cuenta es escribir mal los nombres a propósito. En lugar del tradicional "Rebecca", algunos optan por escribir los nombres de sus hijos como "Rabhekkha" o "Rybecka". Aunque no hay nada malo en cambiar la ortografía del nombre de tu hijo, considera la frecuencia con la que tendrían que deletrear su nombre a los demás y la frecuencia con la que el nombre de tu hijo podría pronunciarse mal.

Considera los clásicos

Algunos nombres existen desde hace siglos, y por algo es. Por muy aburridos que parezcan los clásicos, decidirse por un nombre que haya superado la prueba del tiempo garantizará que tu hijo no tenga que explicarlo, deletrearlo o pronunciarlo mal.

El árbol genealógico

Si decides utilizar un nombre de la familia para tu hijo, no hay nada malo en ello. Sin embargo, no tienes por qué elegir el nombre más cercano. Échale un vistazo a los nombres de tus bisabuelos. Puede que haya algo de oro escondido en lo alto de tu árbol genealógico.

Inspírate de tu cultura o religión

Optar por honrar tu cultura o religión en el nombre de tu hijo puede ser una buena idea. Si sigues la religión cristiana, hay muchas joyas de nombres en la Biblia, como Noé, Lucas, Hannah y Eva. Explorar tu cultura y religión puede ayudarte a encontrar el ganador.

Investiga los significados

Antes de decidirte por un nombre, asegúrate de que tiene el significado que crees que tiene. Puede que mucha gente no sepa que el nombre "Cameron" significa nariz torcida. Este nombre es de origen escocés, y según el gaélico escocés nativo, *cam* se traduce como "torcido", y *sròn* significa "nariz". Se cree que el nombre se originó como un apodo que se le dió a un miembro de un clan de las Highlands que, obviamente, tenía una narizota. Aunque no siempre se conocen los significados graciosos o raros de los nombres, estos significados ocultos suelen salir a la luz en el patio del colegio. Así que, o bien te aseguras de que no hay significados divertidos ocultos, o bien practicas una frase con tu hijo para callar a posibles burlones.

Piensa en los apodos

Ya que hablamos de las burlas en el patio del colegio, piensa en todos los posibles apodos que tu hijo pueda tener basados en sus nombres. Un ejemplo excelente es Richard, al que a menudo llaman "Dick". Piensa detenidamente si esto es lo que quieres para tu inocente paquete de alegría. De nuevo, si te decides por este nombre, ayuda a tu hijo a responder adecuadamente a las burlas.

Fíjate en las iniciales

Si decides ponerle más de un nombre, escribe las iniciales de los nombres elegidos para asegurarte de que no se vea nada raro. Tu hijo podría acabar siendo "Lily Olivia Leah" (L. O. L.), "Frederick Michael Lucas" (F. M. L.) o "Ashley Steven Shaun" (A. S. S.). No tener cuidado con esto puede marcar a tu hijo de por vida.

Utiliza un segundo nombre, o no

Aunque debes tener cuidado con las iniciales del nombre de tu hijo, utilizar un segundo nombre puede ser una forma fácil de hacer frente a las presiones de utilizar un nombre de familia. En lugar de llamar a tu hijo, por ejemplo, Nicolás XI, utiliza Nicolás como segundo nombre y atrévete a elegir tu nombre favorito para llamar realmente a tu hijo.

Dilo en voz alta

Una vez que hayas reducido tus opciones, di los nombres con tu apellido para oír cómo suenan. Puede que tu favorito pronto deje de serlo. Un ejemplo de esto es llamar a tu hija Addison Jackson. Puede parecer una buena idea, pero al oírlo puede que te parezca que tiene demasiados *son*. Si tienes familiares con acentos extraños, ten en cuenta también cómo sonará el nombre de tu hijo cuando lo digan. Esto también puede quitarte las ganas de tu nombre favorito.

Investiga más

Puede ayudarte si haces una búsqueda exhaustiva en Internet de tus nombres favoritos, para ver si se han asociado a algún villano o a alguien con mala reputación. De repente, el nombre Joseph puede recordarte a Joseph Stalin, o llamar a tu bebé Úrsula te recordará a La Sirenita cada vez que la nombres. Incluso, puede que haya una estrella del porno que use exactamente el mismo nombre y apellido. Esto también es algo que deberías considerar evitar.

ELIGE AL LOS PADRINOS O GUARDIANES

Otra decisión importante que tienen que tomar tú y tu esposa es la de elegir a los padrinos o guardianes del bebé. Tradicionalmente, los padrinos desempeñan un papel espiritual en la vida del bebé. Si ustedes son religiosos, serán los responsables de que tu hijo se eduque comprendiendo su religión y el poder superior o Dios, al que le rezas. A menos que los nombres específicamente como guardianes legales de tu hijo, en tu testamento, sólo estarán ahí para guiar a tu hijo, no para cuidar de él en caso de que tú y tu pareja no puedan hacerlo.

Los guardianes serán quienes asuman el papel de padres de tu hijo en caso de fallecimiento o incapacidad. Como ya hemos dicho, el guardián debe figurar en el testamento. Siempre es mejor discutir tus deseos con los guardianes elegidos, en caso de que ocurra algo desafortunado. Esta es probablemente una de las decisiones más importantes que tomarás como papá.

En resumen, tu hijo no tiene por qué tener un padrino si no eres religioso o no lo ves necesario, pero todos los niños deben tener un guardián legal especificado en el testamento de sus papás. De lo contrario, tu hijo podría quedar a cargo del Estado, que decidirá qué persona es la adecuada para cuidarlo.

Si eliges un padrino o un guardián para tu hijo, debes tenerse en cuenta estos factores críticos:

Asegúrate de que la persona estará ahí para tu hijo

En general, la mayoría de los padres optan por designar a alguien de la familia, ya que es probable que participe en la vida del niño a largo plazo. En caso de que elijas a un amigo, asegúrate de que tengan una relación duradera y sólida, y si surge alguna pelea, soluciónala lo antes posible. De nada sirve tener a alguien como padrino o guardián de tu hijo si éste no lo conoce y no ha formado parte de su vida. El nuevo amigo, que quizá conociste en el bar poco antes de que tu esposa quedara embarazada, probablemente no sea la persona ideal a la que pedir que desempeñe este papel en la vida de tu hijo.

Considera la influencia que tendrán en la vida de tu hijo

Piensa en los valores morales de estas personas. ¿Son amables? ¿Son respetuosos con los demás? ¿Qué le enseñarán a tu hijo? ¿Tienen un estilo de vida similar al tuyo? Estos factores suelen ser tan importantes como el tener los medios económicos para cuidar de tu pequeño. Puede parecer de sentido común, pero son aspectos esenciales que debes considerar y reflexionar con tu pareja.

Asegúrate de elegir a los padrinos o guardianes por los motivos adecuados

A menudo, un mejor amigo o un hermano espera que los elijas. Sin embargo, complacer a estas personas puede no ser lo mejor para tu hijo. En lugar de eso, elige a alguien a quien confíes tu vida, ya que, en esencia, le entregarás tu vida en caso de que te ocurra algo.

Conversa francamente con los padrinos o guardianes sobre tus expectativas

Diles exactamente qué quieres que hagan y qué tipo de papel quieres que desempeñen en la vida de tu hijo. Del mismo modo, ellos también deben comentar sus expectativas. En el caso de los guardianes, es posible que quieran saber qué tipo de disposiciones financieras vas a dejar para tu hijo. Juega a las cartas abiertas con ellos y, si decides contratar pólizas para tu hijo, asegúrate de que los guardianes tengan todos los detalles de esas pólizas, y de cualquier fondo de pensiones u otros ahorros que puedas tener.

No te tomes a pecho si el padrino o guardián que has elegido declina la invitación. Puede que tenga razones personales por las que creen que no deben aceptar esta responsabilidad. Si quieres, pídeles que sigan desempeñando un papel importante, aunque no oficial, en la vida de tu hijo. Si decides nombrar guardianes a tus padres o a tus suegros, revisa esta decisión cada año. Se harán mayores y podrían volverse incapaces de cuidar de un niño pequeño. Así que, por mucho que sea la opción ideal ahora, puede que dentro de un par de años ya no lo sea tanto.

CONSEJO PRÁCTICO PARA NUEVOS PAPÁS

Si quieres comprar muebles nuevos para tu casa, piensa bien qué vas a comprar. Tu bebé puede hacer estragos en el nuevo sofá que compres, así que no tiene por qué ser el mueble más bonito o más blanco.

Levántate temprano un sábado por la mañana, antes de que tu mujer dé a luz a tu futuro bebé, y sal a la caza de ofertas de garaje. Te sorprendería saber cuánta gente está dispuesta a regalarte sus muebles y te ofrecen tremendas gangas. Además, Craigslist tiene una sección gratuita donde la gente regala todo tipo de artículos cada semana. Vale la pena que le eches un vistazo. Y seguro que tu esposa embarazada se alegrará de que hayas hecho un buen negocio.

6

ESTÁS EN EL TIEMPO EXTRA

Tu esposita ha llegado al final del embarazo. El momento que ambos han estado esperando y preparando durante los últimos nueve meses está cada día más cerca. Ha llegado el momento de prepararse para lo que pueda ocurrir durante esta fase de sobretiempo.

Para asegurarnos de que estás preparado, repasaremos cada paso, incluyendo qué llevar al hospital, cuándo ir al hospital, qué esperar en la sala de partos, qué ocurrirá durante una cesárea, si tu mujer la necesita, y cualquier otra posibilidad que pueda ocurrir durante el nacimiento de tu hijo.

¡Suena el pitazo!

QUÉ LLEVAR AL HOSPITAL

Una vez que tu pareja empiece a experimentar las contracciones de Braxton Hicks, es bueno que prepares las maletas que te llevarás al hospital, así estarás preparado para cuando llegue el momento de verdad. Esto incluirá todo lo que tu pareja y tu bebé necesitarán durante y después de dar a luz, así como snacks para ti durante el parto. Cuando reúnas todo lo necesario para tu pareja y el bebé, prepárate para una estadía de al menos cuatro días. Si el bebé nace por parto vaginal natural, lo más probable es que lleves a tu nueva familia a casa al día siguiente. Sin embargo, si hay complicaciones o el bebé nace por cesárea, su estadía en el hospital puede prolongarse un par de días. La estadía promedio en el hospital tras una cesárea es de dos a cuatro días. Prepárate para ello.

Ayudar a una futura mamá en el parto y cuidar de una vida recién nacida probablemente te hará correr de un lado para otro como un pollo descabezado. No añadas más estrés al asunto, no olvides de meter en la maleta todo lo que vas a necesitar. Puede ser bueno dejar una copia de las llaves de tu casa a un familiar o amigo de confianza. De este modo, puedes pedirles que te lleven al hospital cualquier cosa que hayas olvidado, en lugar de ir y venir cuando tu pareja más te necesita.

Para ayudarte en tu nuevo papel de papá, he incluido listas con todo lo que debes llevar al hospital.

Por cierto, ahora es un buen momento para descargar la lista escaneando el código QR que aparece al principio del libro. De este modo, podrás marcar fácilmente algunos de los elementos esenciales que deberás llevar al hospital. Esta es una gran lista para empezar. Sin embargo, ¡ahora tenemos que sumergirnos en los artículos esenciales que faltan llevar contigo!

EL BOLSO DE MAMÁ

Este bolso contendrá todo lo que tu esposa pueda necesitar durante el parto. Recuerda que el parto puede durar muchas horas, sobre todo en el primer embarazo.

. . .

Trámites

Muchos hospitales exigen que la futura mamá se registre y reserve una cama en el hospital. Si es así, la mayor parte del papeleo estará resuelto antes del parto. Tanto si es así como si no, asegúrate de tener a mano todos los historiales médicos necesarios, el documento de identidad de tu esposa y la tarjeta del seguro médico. Es probable que te pidan que abras su expediente en admisiones después de llevar a tu mujer a la sala de partos.

Haz que este viaje a admisiones sea lo más corto posible teniendo a mano todos los documentos.

Su plan de parto

Ya hemos hablado del plan de parto. Es posible que le hayas entregado al hospital una copia del plan de parto. Aunque lo hayas hecho, asegúrate de llevar una copia al hospital. Si el parto de tu esposa avanza rápido, no habrá tiempo para que el personal del hospital busque su plan de parto. Tenlo preparado.

Bata

En el hospital le darán a tu esposa una bata de quirófano para que se la ponga durante el parto. Estas batas no son precisamente glamurosas ni cómodas. La mayoría están abiertas por detrás. Durante el parto, es posible que las enfermeras le aconsejen a tu esposa que se pasee por la sala para facilitar el desarrollo del parto. No dejes que se pasee con las nalgas al aire. El personal de enfermería le mirará las piernas abiertas y comprobará cuánto se ha dilatado el cuello del útero con sus manos enguantadas, ya con eso se va a sentir como si formara parte de una exposición interactiva de museo. Deja que conserve la poca dignidad que le queda cubriéndole las nalgas.

· · ·

Calcetines

Durante el parto, el flujo sanguíneo de su cuerpo cambiará y se dirigirá hacia el útero en contracción. Esto puede hacer que sienta frío en los pies. Lleva calcetines gruesos en el bolso para que esté cómoda y abrigada.

Zapatos

Es posible que a la futura mamá se le recomiende caminar por la sala de partos, acuérdate de meter en la maleta zapatos para reducir el riesgo de que resbale y se haga daño a sí misma o al bebé. Asegúrate de que pueda ponérselos con facilidad y de que no le aprieten demasiado los pies hinchados.

Hidratante Labial

Durante el parto, es posible que se le agrieten los labios. Darle un bálsamo labial le proporcionará el alivio que tanto necesita.

Toallita para la cara

Muchas mujeres pasan calor durante el parto y sudan mucho. Lleva una toallita para ayudarla. Sé el mejor esposo y ten a mano este paño (húmedo y fresco, por supuesto), durante el parto, para ponérselo en la cara o en la frente para refrescarla.

Ligas y pinzas para el pelo

Si tu esposa suda durante el parto, es posible que le moleste el pelo que le cuelga de la cara, haciéndola sentir aún más acalorada. En lo que sólo puede describirse como un momento de Superman, puedes sacar ligas y pinzas para el pelo y mostrar tu rápido instinto amarrándole el pelo suavemente hacia atrás. Después, date una palmadita en la espalda por acordarte de llevarlas antes de volver a entregar tu mano a sus (no tan misericordiosos) apretones.

Entretenimiento

Como ya hemos mencionado, el parto puede durar horas. Lleva algo de entretenimiento para los dos. Pueden ser revistas, libros, o descarga sus programas o podcasts favoritos en un dispositivo. Esto puede ayudar a distraerla de lo que su cuerpo está pasando mientras distrae su mente de otra cosa que no sea lo largo que el trabajo de parto está tomando.

Su almohada de embarazada

En el hospital le darán almohadas, pero puede que no sean las más cómodas. Intenta ayudarla llevándote al hospital su almohada para embarazada (o su almohada favorita). Es posible que no pueda llevársela a la sala de partos, pero podrá utilizarla en la habitación después del nacimiento del bebé.

EL BOLSO DE MAMÁ PARA DESPUÉS DEL PARTO

Después de que tu esposa haya demostrado su verdadero espíritu de Mujer Maravilla dando a luz a tu bebé, asegúrate de que se sienta como en casa durante el resto de su estadía en el hospital. Recuerda meter en la maleta ropa y artículos de aseo suficientes para una estadía de al menos cuatro días.

. . .

Un pijama cómodo

Tanto si da a luz de forma natural como por cesárea, querrá
sentirse lo más cómoda posible después del parto. Llévale su
pijama favorito o cómprale uno nuevo. Si va a dar pecho, asegúrate de que el pijama se pueda abrir por delante. Opta por un
pijama de color más oscuro, para que no se sienta avergonzada si
llena mucho de sangre la compresa de maternidad y se le manche
el pijama. Como los bebés no pueden generar su propio calor
corporal, las temperaturas en las salas de maternidad suelen ser
bastante cálidas. También tocará al bebé, cubierto con mantas
calientes, a menudo. Asegúrate de llevar también un pijama más
fresco para que no pase demasiado calor.

Sujetadores de lactancia

Si le da pecho al bebé, los sujetadores de lactancia le salvarán
la vida. En estos sujetadores, las copas se abren por delante, faci-
litando el acceso para liberar el pezón durante la amamantada. Si
opta por alimentar al bebé con leche artificial, asegúrate de que
lleve sujetadores cómodos, ya que no querrá que le cuelguen las
lolas cuando vengan visitas. No es el momento de llevar sujetadores push-up de encaje. Lo más cómodo para ella serán los sujetadores de algodón sin aros.

Ropa interior extra

Después de dar a luz, sangrará más que lo que ha sangrado
todo un año de menstruaciones. Esto puede provocar que se
manche la ropa interior. Asegúrate de que tenga suficiente ropa
interior para cambiársela con regularidad.

· · ·

Compresas de maternidad

Hablando de sangre, necesitará compresas de maternidad durante los dos primeros días después del parto. Estas compresas se parecen más a tablas de surf que a productos de protección normales. Nunca menciones su tamaño. Pásale una cuando lo necesite, sin poner ninguna cara. En caso de hemorragia grave o durante la noche, puede ser útil utilizar una doble. Dale este consejo para demostrarle que no te da asco.

Almohadilla de lactancia y crema para los pezones

Si opta por dar pecho, llévale unas almohadillas absorbentes. Ellas absorberán los derrames de leche para que no se quede con vergonzosas manchas de humedad en la parte superior del pijama. La lactancia, sobre todo al principio, puede ser muy dolorosa. Ella y su bebé tendrán que aprender a encontrar la mejor manera de que el bebé se pegue. Este proceso puede provocar fuertes dolores e incluso grietas en los pezones. Utilizar una crema para los pezones puede reducir el dolor.

Artículos de aseo

Todos los artículos de aseo que utiliza en un viaje de vacaciones normal los necesitará en el hospital. Esto incluye jabón o gel de ducha, champú, acondicionador, lavado de cara, pasta de dientes, cepillo de dientes, cepillo de pelo, ligas o pinzas para el pelo, desodorante y cualquier otra cosa que pueda necesitar.

Cargador

Muchas parejas olvidan llevarse cargadores de teléfono. La batería de tu teléfono se agotará rápidamente debido a todas las

fotos que vas a tomar, las llamadas y los mensajes que vas a recibir. Acuérdate también de llevar una extensión por si el enchufe
de la sala está lejos de la cama. Una extensión puede ayudar a que
ella utilice su teléfono sentada cómodamente en la cama.

Ropa

Aunque probablemente estará en pijama durante su estadía
en el hospital, necesitará ropa limpia para cuando le den de alta y
la lleven a casa. Si le han hecho una cesárea, asegúrate de que la
ropa sea cómoda y holgada, ya que le dolerá el corte del abdomen.

Aperitivos y bebidas

En el hospital le darán de comer, pero es posible que le
apetezca algo reconfortante después del parto. Lleva tantos
snacks como quepan en el bolso. No olvides llevar también agua o
jugos, sobre todo si va a dar pecho, ya que alimentar al bebé
puede deshidratarla rápidamente.

EL BOLSO DE PAPÁ

Como hemos mencionado, el parto puede durar un buen número
de horas. Asegúrate de llevar todo lo necesario para que te resulte
lo más cómodo y agradable posible.

Aperitivos y bebidas

Tendrás hambre durante el parto, y no querrás tener que
correr a una tienda cada vez que te provoque comer o beber algo.
Lleva suficientes snacks para tí y tu esposa. Si el médico de tu
esposa le aconseja que no coma, no seas tú el que coma delante

de ella, aunque te diga que no pasa nada. Créeme, no está bien. Come un bocado de algo mientras estás en los pasillos hablando por teléfono o mientras el médico está ocupado examinando a tu esposa.

Ropa

No sabes cuánto tiempo estarás en el hospital, así que la opción más segura es llevar un juego extra de ropa. Tampoco sabes lo que puede pasar durante el parto. No quiero asustarte, pero muchas mujeres experimentan náuseas y vómitos debido al dolor extremo del parto. Tu esposa podría vomitar mientras la estás ayudando a ir al baño, dejándote en la línea de fuego. Sorprendentemente, es muy probable que no será la última vez que estés cerca de un intercambio de fluidos ese día. Y, con un recién nacido en casa, definitivamente no será la última vez que alguien te vomite encima. Acepta esta nueva faceta de la paternidad y cámbiate de ropa en cuanto tu mujer vuelva a la cama.

Almohada

Como el parto puede durar un buen par de horas y las sillas de la habitación pueden no ser las más cómodas, llevarte una almohada puede ser útil. Descansa mientras puedas, sobre todo al principio del parto. Una vez que el parto se intensifique, no habrá descanso para ninguno de las dos. ¡Imagínate un trasnocho en esteroides!

Artículos de aseo

Cuando nazca el bebé y tu esposa esté a salvo en la habitación con el recién nacido, es posible que quieras refrescarte rápidamente. Llévate algo de aseo, aunque sólo sea un cepillo de dientes.

Teléfonos, cámaras, baterías y cargadores

¿Recuerdas lo que dijimos de que tu primera obligación como nuevo papá es la de fotógrafo y videógrafo? No olvides meter en la maleta el equipo que puedas necesitar. Si tu teléfono saca buenas fotos, asegúrate de que esté completamente cargado antes de que tu pareja pase de la sala de partos a la habitación. Si vas a utilizar una cámara, lleva baterías de repuesto. No querrás perderte ni un solo momento de lo que está por venir.

Entretenimiento

Esta es una nota importante: solo ve Netflix mientras tu mujer no necesite tu ayuda y esté en habitación. En el momento en que tu esposa pase a la sala de partos, ni siquiera deberías tocar el teléfono, a menos que ella quiera que grabes el parto. De lo contrario, agarra el teléfono o la cámara cuando haya nacido el bebé para hacer fotos.

EL BOLSO DEL BEBÉ

Una vez preparadas las demás maletas, es hora de pensar en lo que necesitará el bebé. También es un buen momento para asegurarte de que la sillita del bebé esté instalada en el carro. Practica exactamente cómo utilizarla. Esto puede parecer ridículo; ¿tan difícil puede ser encajar bien los clips? Pues te sorprenderá lo mucho que te puede costar esta tarea, aparentemente sencilla, cuando tengas que sujetar por primera vez a un bebé que llora.

. . .

Ropa

Lleva suficiente ropa para que el bebé utilice durante al menos cuatro días. Piensa en dos conjuntos al día, ya que tendrás que cambiar la ropa del bebé más a menudo en caso de que regurgite. Aunque en las tiendas hay conjuntos bonitos, lleva algo cómodo. Los bodies suaves son siempre una buena opción.

Calcetines y Gorritos

Como ya hemos mencionado, los recién nacidos no pueden generar su propio calor corporal debido a su limitada grasa corporal y a la incapacidad de su pequeño cuerpo para metabolizar la grasa. Tampoco pueden temblar, una forma que tiene una persona de aumentar el calor corporal. Asegúrate de que tu bebé esté bien abrigado. Aunque el body le cubra los pies, ponle un par de calcetines debajo de la ropa. Los bebés pierden gran parte de su calor corporal por la cabeza, así que mete en la maleta al menos un gorrito para que se lo ponga a diario.

Cobijas

Llévate cobijas calientes y envolventes para abrigar al bebé. Las cobijas envolventes son ideales para envolver al bebé. Las cobijas calientitas son ideales para el contacto piel con piel, ya que el bebé sólo tendrá pañal y tú no tendrás camisa. Asegúrate de que ambos estén bien abrigados.

Pañales

Algunos hospitales proporcionan pañales para la estadía del

bebé, mientras que otros te piden que los traigas. Averigua cuál es la política del hospital en el que va a dar a luz tu pareja. En caso de duda, lleva un par de pañales en el bolso y deja más en el carro o con alguien que sepas que estará allí en cuanto se permitan las visitas.

Toallitas húmedas

Lo mismo ocurre con las toallitas húmedas. Algunos hospitales las proporcionan, mientras que otros esperan que lleves suficientes para tu estadía. Si tienes que llevártelas tú, no creas que un paquete será suficiente. Sobre todo mientras el bebé expulsa meconio, sus primeros pupús oscuros y extremadamente pegajosos. Podrías usar una caja entera de toallitas en un solo cambio de pañal..

Cremas

Aquí tienes un buen consejo para impresionar a tu esposa con el meconio. Pon un poco de vaselina en el culito de tu bebé, después de cada cambio de pañal. El meconio se pegará entonces a la vaselina, no a la piel de tu bebé, haciendo que estos pañales sean extremadamente fáciles y rápidos de cambiar. De lo contrario, no olvides llevar crema para proteger la piel sensible de tu bebé.

Artículos de aseo

Si tienes que llevar artículos de aseo para tu bebé, acuérdate de meter en la maleta gel de baño, loción corporal, bolitas de algodón y alcohol quirúrgico para limpiar el cordón umbilical. Asegúrate de que todos los artículos de aseo que lleves para tu bebé sean para pieles sensibles. La piel de muchos recién nacidos es muy sensible a los productos perfumados.

Paño para sacar gases

Asegúrate de que tu pareja tenga preparado un paño para eructar cada vez que alimente o le saque los gases al bebé. Así evitarás que la leche se derrame sobre tu ropa. Hablaremos de ello con más detalle en el capítulo 8.

Chupones

Si decides utilizar un chupón para tu bebé, asegúrate de llevarlo en la maleta, así como un pequeño esterilizador de microondas para limpiarlos en el hospital. El uso del chupón tiene muchas ventajas, como calmar a un bebé que llora y prevenir el síndrome de muerte súbita.

CUÁNDO IR AL HOSPITAL

Es importante saber cuándo es el momento de llevar a tu esposa al hospital cuando está de parto. Ya hemos hablado de la diferencia entre las contracciones de Braxton Hicks y el verdadero parto, así que deberías ser capaz de saber cuándo está empezando el parto real. Sin embargo, las contracciones pueden continuar durante un par de horas antes de que comience el trabajo de parto activo. Cuanto más tiempo puedas mantener a tu pareja cómoda en casa, más fácil será el proceso para ambos.

El ginecobstetra de tu esposa te aconsejará cuándo debes ir al hospital, y muchos siguen la regla popular del 5-1-1. Según esta regla, debes dirigirte al hospital cuando las contracciones de tu mujer tengan una frecuencia de cada cinco minutos, duren un minuto y continúen por una hora. Ten en cuenta que el caso particular de tu esposa puede hacer que tu ginecobstetra te aconseje otra cosa, así que sigue siempre los consejos del médico.

Si tu esposa experimenta algún signo de parto antes de la semana 37, o si tiene sangrado vaginal, mareos intensos o visión borrosa, llévala inmediatamente al hospital. Todos estos pueden ser signos de complicaciones, y su ginecobstetra tendrá que examinar y posiblemente tratar a tu esposa.

PARTO PREMATURO

Si tu bebé nace antes de las 37 semanas de embarazo, se clasificará como parto prematuro. Este se divide en cuatro categorías (Mayo Clinic, 2021):

- **Prematuro tardío** es cuando el bebé nace entre las semanas 34 y 36 de embarazo.
- **Prematuro moderado** es cuando el bebé nace entre las semanas 32 y 34 de embarazo.
- **Muy prematuro** es cuando el bebé nace antes de la semana 32 de embarazo.
- **Prematuro extremo** es cuando el bebé nace antes de las 25 semanas de embarazo.

Estos bebés pueden tener un mayor riesgo de padecer problemas médicos y de desarrollo y, puesto que algunos de sus órganos principales, sobre todo los pulmones, aún no están completamente desarrollados, es probable que pasen al menos un par de semanas en la unidad de cuidados intensivos neonatales (UCIN) del hospital.

Aparte de las dificultades respiratorias, el bebé puede necesitar ayuda para alimentarse, ya que aún no ha desarrollado la capacidad de succionar o tragar. Para ello, se le insertará una sonda de alimentación a través de la nariz. Es posible que el sistema gastrointestinal del bebé aún no haya madurado, lo que puede provocar enfermedades como la enterocolitis necrosante, en la que se lesiona el revestimiento de la pared intestinal. Por aterrador que esto pueda ser, confía en los médicos de tu bebé. Como padres, no hay mucho que puedas hacer para aliviar la hinchazón o las molestias que pueda experimentar tu bebé.

Los bebés nacidos prematuramente también tienen mayor riesgo de sufrir anemia, ictericia, trastornos inmunitarios, hemorragias cerebrales (hemorragia intraventricular) y afecciones cardiacas como el conducto arterioso persistente, que es una abertura entre la arteria pulmonar y la aorta.

El nacimiento prematuro puede causar graves complicaciones a largo plazo, como parálisis cerebral, problemas de aprendizaje, audición y visión, problemas crónicos de salud y dificultades psicológicas y de comportamiento.

Por mucho que sea bueno tomar nota de los problemas que pueden derivarse de un parto prematuro, no le des demasiadas vueltas. En caso de parto prematuro, el ginecobstetra hará todo lo posible por detener el parto. Si estas medidas no dan resultado y tu bebé nace prematuro, especialistas como neonatólogos y pediatras cuidarán de tu pequeño e intentarán reducir el riesgo de complicaciones graves. Conocer mejor todas las posibilidades de lo que puede ocurrir te dará confianza para afrontar estas posibles situaciones.

HABLEMOS DEL PARTO

Las contracciones son uno de los signos más evidentes del parto, pero hay muchos otros signos del inicio del parto a los que puedes estar atento. Uno de los primeros signos es un cambio en el flujo vaginal, seguido de un tapón mucoso o un espectáculo de sangre. Puede tratarse de una secreción gelatinosa de color rosáceo o incluso marrón, que indica la apertura del cuello uterino. Esto no significa necesariamente que el parto esté empezando, pero normalmente indica que faltan un par de días para que empiece. No te asustes cuando tu esposa te muestre su flujo ensangrentado. Probablemente no te impida comer gelatina para siempre.

Puede que de repente tenga ganas de ir al baño. Esto se debe a que la cabeza del bebé empuja sus intestinos. Sin entrar en demasiada información, ir bien al baño (número 2) al principio del parto, puede ayudar a tu mujer a sentirse mucho más cómoda durante el parto. Cuando llega el momento de expulsar al bebé, ella empujará de la misma manera que lo haría normalmente durante una ida al baño. Esto suele provocar que la embarazada se haga pupú en la mesa de partos. Si esto le ocurre a tu esposa, es posible que después se sienta avergonzada. No le des mucha importancia. Tu ginecobstetra o el personal de enfermería limpiarán rápidamente. Es normal. Si el médico o la enfermera pueden solucionarlo sin poner mala cara, tú también puedes.

Una señal evidente de que está a punto de dar a luz es cuando tu pareja rompe fuente. Esto ocurre cuando se rompe la bolsa amniótica y sale líquido amniótico por la vagina. No suele haber muchas dudas cuando tu esposa rompe fuente. Sin embargo, no esperes nunca a que rompa fuente si sus contracciones cumplen la regla 5-1-1. En muchos casos, la bolsa amniótica no se rompe de forma natural y el ginecobstetra tendrá que romperlo con un gancho largo de plástico. Si esto le ocurre a tu esposa, mantén la calma. No debería ser doloroso para ella; incluso si lo es, no será nada comparado con las contracciones que está experimentando. Una vez que tu pareja rompe fuente, lo más probable es que el bebé tenga que nacer en las próximas 24 horas.

¿PUEDES ESTAR EN LA SALA DE PARTOS?

Si alguna vez te has preguntado si deberías estar en la sala de partos para el nacimiento de tu bebé, deja de tener esos pensamientos ahora mismo. Tu esposa te necesitará allí, aunque sólo sea para calmarla o para que le dejes apretar tu mano durante el parto. Tampoco querrás perderte el nacimiento de tu bebé. Sin embargo, algunas mujeres prefieren que su pareja no esté presente. Habla de esto con tu esposa de antemano para que ambos sepan cuáles son sus expectativas.

Hay algunas pautas generales que debes tener en cuenta en cuanto entres en la sala de partos. La razón principal por la que estás allí es apoyar a tu pareja. Sí, tú también quieres vivir el nacimiento de tu bebé. Serás la persona menos importante de la sala. Se trata sólo de tu esposa y del bebé.

Del mismo modo que es bueno averiguar si tu pareja quiere que estés en la sala de partos, puede ser útil hablar de las expectativas antes de que tu esposa dé a luz. Averigua si quiere que saques fotos o vídeos durante el proceso. Tal vez lo único que quiera es que le agarres la mano o le ayudes a respirar profundamente. En cualquier caso, te ganarás algunos puntos por ser considerado y preguntar.

Ten en cuenta tus propias limitaciones cuando hables de estas expectativas. Si te mareas o te da escalofríos ver sangre, no te ofrezcas de voluntario para estar en frente. Dile a tu esposa que preferirías estar junto a su cabeza y apoyarla desde ahí. No te obligues a hacer algo con lo que no te sientas cómodo.

Hagas lo que hagas, sé el apoyo que ella necesita. Además, ten en cuenta que puede que ella no esté en condiciones de decirte qué puedes hacer para ayudarla. Si has asistido a clases de preparación para el parto, prueba los consejos que allí te dieron. Si no, prueba otras cosas para ayudarla. A menos que tu médico lo desaconseje, puedes ofrecerle trocitos de hielo. Puedes pensar que darle un masaje en la espalda le ayudará a sobrellevar el dolor. Sí, esto puede ayudar, o puede que no. Si tu esposa te grita que pares, para, sonríe e intenta otra cosa. Recuerda que está dando a luz a un bebé, así que dale espacio para que grite. ¡Sólo apóyala! Está sufriendo mucho, así que inténtalo todo. Intentarlo es mejor que quedarse parado estorbando. Lo más probable es que si no haces nada por ayudar, también te griten. Así que, mejor hacer algo que nada.

A pesar de lo que pueda sentir en ese momento, preguntarle qué puedes hacer para ayudarla es la parte fácil del trabajo. El parto es cualquier cosa menos fácil. A pesar de lo difícil que puede ser ver a tu esposa con fuertes dolores y no saber qué hacer para ayudarla, su trabajo de dar a luz al bebé es mucho más difícil. Amigos, puede que sientan que se van a morir con una gripe. Créeme, la gripe masculina no se parece en nada al parto. Muchos profesionales médicos comparan el dolor del parto con romperse 20 huesos del cuerpo simultáneamente. No es un dolor que realmente puedas explicar a los demás. Y cada vez será peor y peor hasta el momento en que el bebé sale por los hombros. Sé su defensor y asegúrate de que todas sus necesidades están cubiertas. Esto la ayudará a centrarse sólo en dar a luz sin preocuparse de más nada.

No te fijes nunca en el reloj de la sala de partos. Por mucho que sea esencial cronometrar sus contracciones antes de ir al hospital, debes olvidarte de cualquier referencia al tiempo una vez que estés allí. El personal de enfermería se encargará de que el parto progrese. Si alguna vez tu pareja te pregunta cuánto tiempo ha durado el parto, intenta ser lo más impreciso posible. Saber que lleva 19 horas no la motivará ni la pondrá en una actitud positiva. En lugar de eso, respóndele algo como esto: "Ha tardado un poco, pero lo estamos logrando".

Mantén siempre la calma. Puede que veas cosas que desearías no ver. Sé un hombre. Forma parte de este proceso. Nunca jamás digas que algo es "asqueroso" o "repugnante". No reacciones negativamente cuando la familia te vuelva loco pidiéndote novedades. Están tan emocionados como tú por la llegada de este pequeño ser humano a la familia. Puede ser útil crear un chat de grupo para añadir a todos los que quieran recibir noticias. Mejor aún, configura el grupo para que sólo tú puedas enviar mensajes. Y luego, pon el teléfono en silencio si sigues recibiendo demasiadas notificaciones de actualizaciones. Tu tranquilidad hará que ella se calme más.

Esto enlaza con el siguiente punto importante: No pases tiempo innecesario al teléfono cuando estés en la sala de partos. Asegúrate de demostrarle que estás conectado, comprometido y con ella en todo momento.

Cuando esté llorando o maldiciendo por el dolor, no le digas nada como: "No puede ser tan malo". Amigos, es así de malo y hasta peor. Además, nunca lo compares con ningún dolor que hayas tenido. Aquella vez que te golpeaste el dedo meñique del pie contra la pata de la mesita no fue nada comparado con lo que ella está pasando. Limítate a agarrarle la mano (o, mejor dicho, a dejar que la aplaste) o la pierna y, si tienes que hablar, dile lo bien que lo está haciendo o lo orgulloso que estás de ella.

Por último, no te conviertas en un instructor de manejo cuando llegue el momento de empujar esta nueva vida. El ginecobstetra, la comadrona o la enfermera le dirán a tu esposa lo que tiene que hacer, cuándo empujar y cuándo no. Si tú también te involucras, puede parecer un partido deportivo, con tus gritos de "puja" cada vez más fuertes. Mejor quédate callado, deja que te apriete la mano y anímala en un tono bajo y tranquilo cuando sea necesario.

CONTROL DEL DOLOR DURANTE EL PARTO

El tratamiento del dolor debe conversarse con su ginecobstetra en las semanas previas al parto. Muchas mujeres optan por opciones no médicas para aliviar el dolor, y muchas cambian de opinión a mitad del parto, cuando sienten los verdaderos efectos de las contracciones. A menudo, cuando la futura mamá cambia de opinión, el parto ya ha avanzado demasiado y no le queda más remedio que pujar (¡literalmente!). Por eso es importante conocer todas las opciones antes de dar a luz.

Hablemos primero de los métodos no médicos para aliviar los dolores de parto:

Clases prenatales o de preparación para el parto

Pueden ayudar a la embarazada a saber qué esperar, reduciendo la ansiedad del parto. Muchos profesionales de la medicina sostienen que, si se sabe lo que se puede esperar, es más fácil afrontar el dolor y otras molestias. Otra forma de reducir su ansiedad y, en consecuencia, ayudarla a sobrellevar el dolor es que su pareja (¡sí, tú!) esté con ella para apoyarla.

Estar en forma y sana

Esta es otra forma que puede ayudar a la mujer a afrontar el parto, ya que por lo general tendrá más energía y resistencia. Por eso es tan importante hacer ejercicio moderado el mayor tiempo posible durante el embarazo.

Técnicas de respiración profunda

Se conocen muchos métodos que ayudan a la mujer a superar

las contracciones. Tu esposa aprenderá estas técnicas durante las clases de preparación para el parto. Su ginecobstetra, comadrona o enfermera también ayudarán a tu esposa con la respiración durante el proceso.

Música

Puede ser una distracción agradable que le ayude a sobrellevar el dolor del parto, pero si ella se opone, apágala inmediatamente. Ponerle música al ritmo de Daddy Yankee puede que no sea lo suyo en este momento.

Masajes

Puede ser con aceite, compresas calientes o frías y una ducha caliente. Si dispones de una ducha de mano, puedes utilizarla para aplicarle agua caliente directamente en el vientre o la zona lumbar. Si decide ducharse durante el parto, es prioritario que permanezcas cerca del baño por si necesita ayuda.

Aunque estas técnicas naturales pueden ayudar, muchas mujeres no las consideran lo bastante eficaces para aliviar el dolor del parto. Aunque se pueden utilizar otros métodos médicos para reducir la sensación de dolor, las siguientes son las opciones más populares utilizadas en todo el mundo:

Óxido nitroso

Si alguna vez has visto a una mujer embarazada en una película gritar: "¡Dame gas!", esto es a lo que se refería. Este gas se administra a través de una mascarilla cada vez que tiene una contracción. Este método no elimina el dolor, pero calma y distrae a la embarazada mientras se concentra en inhalar el gas.

El óxido nitroso no afecta al bebé, pero puede provocar efectos secundarios leves en la futura mamá, como náuseas y vómitos, confusión y desorientación.

Petidina

Este analgésico pertenece a una clase similar a la morfina y se administra mediante inyección. Su efecto puede durar hasta cuatro horas y puede aliviar eficazmente los dolores de parto. Los posibles efectos secundarios para la mamá son náuseas y vómitos, desorientación y respiración más lenta. También puede afectar a la respiración del bebé y a su capacidad de succión tras el parto. En tal caso, el médico administrará un fármaco de reversión para el bebé. Sin embargo, en la mayoría de los casos, los efectos de la petidina habrán desaparecido antes de que nazca tu bebé.

Epidural

Es la forma más eficaz de aliviar el dolor durante el parto. Se inyecta una anestesia en la médula espinal de la futura mamá, que la adormecerá de cintura para abajo. Tras la epidural, el ginecobstetra controlará atentamente la frecuencia cardiaca del bebé para asegurarse de que no padezca de sufrimiento fetal. Los posibles efectos secundarios incluyen sensación de desmayo y náuseas. Habrá que insertarle una sonda urinaria a tu esposa, ya que no controlará la vejiga, podría sufrir de dolores de cabeza y debilidad muscular en las piernas, que puede durar una hora o más tras el nacimiento del bebé. También puede afectar a la capacidad de la embarazada para empujar durante el parto, lo que obligará al médico a utilizar una ventosa o fórceps para dar a luz al bebé.

¿QUÉ ES UNA CESÁREA?

Pueden surgir complicaciones que hagan que un parto vaginal sea demasiado peligroso o incluso imposible. Normalmente, esto se avisa con semanas de antelación, pero también puede ocurrir algo durante el parto vaginal que haga que el ginecobstetra cambie el plan de parto. En casos así, se realizará una cesárea para extraer quirúrgicamente al bebé del útero de la embarazada.

Si esto le ocurre a tu esposa, no te estreses ni te asustes. Alrededor del 30% de los bebés de Estados Unidos nacen por cesárea (WebMD, s.f.). Esta forma de parto suele ser perfectamente segura tanto para la mamá como para el bebé, pero al tratarse de una intervención quirúrgica importante, en la que el médico corta muchas capas de ligamentos y músculos de la barriga de la mamá, puede dificultar el cuidado del recién nacido. Tu pareja tendrá dolor postoperatorio y no podrá agacharse ni cargar nada pesado. ¡Es hora de mostrarle tus superpoderes de papá!

Antes de la operación se administrará un bloqueo epidural o espinal que adormecerá a la embarazada de cintura para abajo. Esto significa que estará despierta durante la operación y podrá ver a su bebé en minutos, sino segundos, después de extraerlo del útero. Se coloca una pantalla entre la cabeza y el cuerpo de la mamá para que no pueda ver la operación. Sin complicaciones graves, el futuro papá puede estar en el quirófano durante esta intervención. Te sentarás junto a la cabeza de tu esposa. De nuevo, si eres delicado, mírale la cara y no veas la operación. No querrás causar una conmoción desmayándote a mitad del parto. El procedimiento completo sólo dura entre 30 y 45 minutos.

Muchas complicaciones pueden hacer que la cesárea sea la forma más segura de parto. Si ocurre lo siguiente, es probable que tu ginecobstetra le practique una cesárea programada:

- el bebé viene de nalgas (con los pies hacia abajo y la cabeza hacia arriba) o de costado.
- el bebé tiene discapacidades congénitas detectadas en una ecografía, como hidrocefalia, el bebé es demasiado grande para pasar por el canal del parto, placenta previa (cuando la placenta está muy baja en el útero o cubre el cuello del útero), o partos múltiples
- la madre ha tenido una cesárea previa o cualquier tipo de operación en el útero

Como ya hemos dicho, se puede realizar una cesárea si surgen complicaciones durante el parto:

- el parto se detiene a mitad de camino
- el bebé padece de sufrimiento fetal
- desprendimiento de placenta (cuando la placenta se separa de la pared uterina)
- el cordón umbilical está apretado alrededor del cuello del bebé
- el cordón umbilical entra en el canal del parto antes que el bebé

Listo... Acabas de aprender un montón de información para impresionar a tu esposa (y posiblemente incluso a tu ginecobstetra). Ahora no sólo podrás tranquilizar a tu esposa con las estadísticas sobre lo frecuente que son las cesáreas, sino que incluso podrás enumerar las razones por las que es necesario practicar una cesárea. Podrás mantener la calma y tranquilizar a tu pareja. ¡Eso te dará muchos puntos!

COMPROBAR LA SALUD DEL BEBÉ

Poco después de que tu bebé nace, un médico lo examinará. Si el bebé ha nacido a término, el especialista se llamará pediatra. Si tu bebé es prematuro, un neonatólogo o un pediatra se ocuparán de su salud.

Si el parto se produce por cesárea, este especialista estará en el quirófano desde el principio de la intervención. Esto se debe a que los bebés nacidos por cesárea suelen tener dificultades para empezar a respirar, ya que su respiración no se estimula de forma natural al desplazarse por el canal del parto. Si este es el caso de tu bebé, el pediatra reproducirá esta estimulación para que empiece a respirar. Si esto ocurre, no te asustes. Los pediatras están formados para hacer esto y probablemente ayudan a cientos (si no más) de bebés cada año a empezar a respirar. Permanece junto a tu esposa, actúa como si todo va perfectamente y espera esos primeros llantos.

El sonido de los primeros llantos de tu bebé puede sorprenderte. No se parece en nada al llanto abrumador al que podrías acostumbrarte en un par de semanas. De hecho, esos primeros llantos se parecen más al llanto de un gato que al de un pequeño ser humano. Asimílalo, o mejor aún, graba un vídeo con los llantos de gatito de tu recién nacido. En sólo un par de horas desaparecerá y el llanto sonará normal, un sonido al que te acostumbrarás en los próximos meses.

El médico o el personal de enfermería también realizarán dos pruebas de Apgar a tu bebé. Se trata de una prueba rápida y no invasiva que se realiza un minuto después del nacimiento para evaluar cómo ha afrontado el bebé el proceso del parto y, de nuevo, a los cinco minutos, para evaluar cómo se encuentra tras el nacimiento. En raras ocasiones, esta prueba puede repetirse una vez más a los 10 minutos. Esta prueba analiza cinco aspectos: el color, la frecuencia cardiaca, los reflejos, el tono muscular y la respiración. Se da una puntuación de cero, uno o dos a cada elemento, lo que constituye una puntuación sobre diez. Cuanto mayor sea la puntuación, mejor será la adaptación de tu bebé.

CONSEJO PRÁCTICO PARA NUEVOS PAPÁS

Habla de buscar ayuda antes de que nazca tu bebé. Saber a quién tienes a tu lado para que te apoyen durante esta nueva etapa es una forma estupenda de estar tranquilo. Tanto si se trata de la ayuda de la familia, de amigos o de ayuda contratada, es estupendo hablar de ello para saber de qué dispones en cualquier situación en la que te encuentres. También es posible que necesites a alguien que te traiga cosas de casa que hayas olvidado o que no se te haya ocurrido meter en la maleta. Como lo dice el refrán: "Hace falta un pueblo para criar a un niño" (Dubner, 2011). Encuentra a tu pueblo y acepta sus ofertas de ayuda.

7
¡CAMPEÓN NACIONAL!

¡Ya tienes el premio más preciado de todos! Tu y tu pareja han traído un niño al mundo.

¡Felicidades! Esto es incluso mejor que ser campeón estatal. De hecho, ¡han creado su propio pequeño campeón nacional!

Has llegado a lo que muchos llaman el cuarto trimestre del embarazo. Tu bebé ha nacido, pero ahora es el momento de ponerte las pilas y ser papá. Tu vida ha cambiado para siempre y para mejor. Tener un recién nacido en casa puede ser todo un reto, y muchos papás preferirían adelantar los próximos meses hasta que su hijo tenga edad suficiente para interactuar y patear una pelota con ellos. No seas ese papá. Por mucho que estés deseando tener tu propio compañero de equipo en casa, disfruta de estos próximos meses (aunque puedan ser agotadores) y crea vínculos emocionales con tu pequeño.

YA TIENES UN HIJO, ¿Y AHORA QUÉ?

Después de haber cumplido con uno de tus primeros deberes: hacer todas las fotos que puedas y asegurarte de que tu esposa se instale en la habitación y disfrute estar junto a su bebe, ahora es el momento de que te conviertas en portero. En cuanto anuncies que eres papá, es probable que todos te pregunten cuál es el horario de visitas o que se presenten allí sin avisar.

Es posible que tu pareja esté agotada después del parto y, por mucho que esté deseando presumir al bebé, ambos necesitan un par de momentos para reflexionar sobre lo ocurrido, asimilarlo todo y pasar tiempo con el bebé. Tu trabajo es apoyar a tu esposa y asegurarte de que esté lo más cómoda posible.

Si aún no te sientes cómodo para recibir visitas, no tengas miedo de decirles que les avisarás cuando puedan visitarte. Si llegan al hospital sin invitación, explícales que necesitas estar a solas con el bebé o que tu esposa está demasiado cansada. Probablemente estarán tan emocionados por ver al bebé que no les importará esperar en la cafetería del hospital o volver más tarde, cuando los tres estén listos para recibir gente.

Cuando empieces a recibir visitas, asegúrate de que se laven bien las manos al entrar en la habitación. Si alguien está enfermo - incluso si es una pequeña moqueadita - pídele que por favor se quede afuera. Tu bebé aún necesita desarrollar su pequeño sistema inmunitario, y lo último que quieres es que tu recién nacido se enferme (aunque esto ocurre más a menudo de lo que imaginas). No dejes que nadie bese a tu bebé en la boca ni en las manos. Recuerda que los bebés suelen llevarse las manos a la boca cuando tienen hambre.

Es probable que la política de visitas del hospital lo estipule, pero nunca permitas demasiadas visitas simultáneas. Además de exponerlo a los gérmenes, tu bebé puede sentirse sobreestimulado por tantas caras, voces y olores diferentes, y su cuerpo puede irritarse si lo cargan de más. Protege a tu bebé mejor que a un anillo de la Super Bowl de la NFL.

LACTANCIA

La mayoría de los profesionales médicos incentivarán a tu pareja a darle pecho al bebé. La leche materna tiene numerosos beneficios para el bebé: está repleta de las vitaminas y minerales que necesitará el bebé, es muy nutritiva, ofrece protección frente a algunas infecciones y puede reducir el riesgo de síndrome de muerte súbita, o la muerte inexplicable de un bebé menor de un año.

Dependiendo de cómo haya dado a luz, las enfermeras le pondrán al bebé en el pecho lo antes posible tras el parto, normalmente, en cuestión de minutos. Este primer intento suele ser fallido, ya que tu mujer y el bebé aún estarán recuperándose del hermoso trauma que acaban de sufrir. Por lo general, los bebés no necesitan alimentarse hasta una hora después del nacimiento, así que si la primera vez no funciona, pueden volver a intentarlo más tarde. El personal de enfermería ayudará a tu esposa y al bebé a conseguir el agarre perfecto. Si hay problemas, controlarán periódicamente el nivel de azúcar en sangre del bebé para comprobar que no baje demasiado por no recibir leche (o no la suficiente). Si esto ocurre, le darán al bebé un poco de leche de fórmula para calmar su hambre (a menudo utilizando un biberón para que no haya confusión con el pezón). Si tu esposa sigue teniendo problemas, considera la posibilidad de consultar a un especialista en lactancia. El personal de la maternidad, el ginecobstetra o el pediatra podrán recomendarte alguno. Si lo prefieres, una rápida búsqueda en Internet te dará una lista de especialistas a tener en cuenta.

Los recién nacidos deben alimentarse cada dos o tres horas, más o menos. Al menos durante las seis primeras semanas, o hasta que el pediatra dé el visto bueno. Es importante despertar al bebé para alimentarlo. Si se salta una comida, su nivel de azúcar en sangre puede descender muy rápidamente hasta niveles peligrosamente bajos. Si tu bebé quiere comer con más frecuencia, no le hagas pasar hambre. Dale de comer cuando lo demande y tenga hambre. Aparte del llanto, las señales de que un recién nacido quiere comer son las siguientes:

- Chasquear los labios.
- Sacar la lengua.
- Buscar el pezón con la cabeza (sobre todo cuando lo tienes cerca).
- Chuparse las manos.

Dado que tu pareja pasará más de medio día amamantando al bebé, es probable que termine agotada. Tu esposa agradecerá cualquier ayuda, por pequeña que parezca. Sé un par de manos extra para ella. Tu esposa lo necesitará, ya que la lactancia ocupará toda su vida durante un tiempo. Ayúdale a limpiar las distintas piezas del sacaleches después de cada uso, o consigue una estrella dorada extra haciéndole galletas de lactancia para merendar. Hay muchas recetas disponibles en Internet que son demasiado fáciles de hacer.

Aunque no puedas ayudarla físicamente en las amamantadas a media noche, hay muchas formas de facilitarle la tarea. Levántate para cambiarle el pañal al bebé o para sacarle los gases cuando termine de comer. De este modo, tu esposa podrá descansar un poco más. Si te da miedo sacarle los gases al bebé o no sabes cómo hacerlo (al fin y al cabo, tus eructos salen solos de forma natural), no te preocupes, ya hablaremos de ello y te daremos consejos útiles en el capítulo 8.

Aparte de apoyarla con la logística, apóyala emocionalmente. Muchas mujeres no pueden dar pecho. Esto puede deberse a que tienen los pezones invertidos o el tejido mamario glandular es insuficiente para producir leche. Otras tienen que dejar de dar el pecho por alergias o enfermedades. Esto puede destruir emocionalmente a una mami, haciéndola sentir la peor mamá por no poder alimentar a su bebé. Sé un apoyo para tu esposa. Recuérdale que no tiene por qué sentirse culpable. Existen fórmulas excelentes en el mercado.

Al final, lo único que de verdad importa es que tu bebé esté alimentado.

Elijan el método que mejor se adapte a su vida, ya sea lactancia materna, extracción (cuando la mamá se saca leche y se la da con biberón) o leche de fórmula. En un par de años, lo más probable es que tu hijo coma papitas fritas viejas de una alfombra sucia en el coche, así que, en última instancia, dar el pecho o el biberón no es una decisión de vida o muerte. Simplemente, asegúrate de que tu bebé no tenga hambre.

Si decide dar pecho, recuerda que las lolas de mamá contienen ahora la comida de tu bebé. Si tu esposa te permite jugar un rato y te llena la boca de leche, no te asustes. Trágatela lo más rápido posible o escúpela, sin decir nada. Recuerda que si le das mucha importancia, es posible que no te vuelvan a dejar acercarte a ellas, así que elige bien tu mejor opción (yo lo aprendí por las malas).

TU FAMILIA ESTÁ EN CASA

Justo cuando tú y tu esposa se empiezan a sentir cómodos en sus roles como nuevos papás (con la ayuda del personal de enfermería, por supuesto), escuchas las palabras más aterradoras del mundo: Mamá y bebé han recibido el alta. Ha llegado el momento de ponerse los calzoncillos de niño grande. Estás a punto de llevarte a casa un bebé vivo. Tú y tu pareja serán los únicos responsables de mantenerlo con vida. Si se te escapan una o dos palabrotas, nadie te culpará. Esto puede dar miedo. ¿Recuerdas el consejo sobre cómo practicar con la sillita del coche? Probablemente me lo estés agradeciendo ahora mismo...

Una vez en casa, alivia a mamá todo lo que puedas. Estará agotada y su cuerpo necesitará tiempo para recuperarse. Si tienes tiempo libre en el trabajo (permiso de paternidad), déjala descansar todo lo posible. Cuida de tu bebé (sobre todo durante las dos primeras semanas, en las que dormirá la mayor parte del tiempo), lava la ropa, friega los platos, limpia la casa y prepara la comida. Puede que algunos de tus seres queridos se ofrezcan a llevarles comida. Aunque no te guste cómo cocina una tía en particular, acéptalo con una sonrisa. Es una cosa menos, de la que tú y tu pareja, tendrán que preocuparse.

Puede que notes que la piel de tu recién nacido adquiera un tono amarillento, al cabo de unos días. Se trata de la ictericia, un fenómeno sorprendentemente frecuente en los recién nacidos. El mejor remedio casero para esto es exponer diariamente la piel del bebé (a través de una ventana o una cortina de encaje) a la luz del sol. Utiliza esto como excusa para relajarte y pasar tiempo con el bebé. Siéntate en una silla cómoda y deja que tu bebé duerma sobre tu pecho. Si quieres ser un superpapá, quítate la camiseta y haz contacto piel con piel. Así curarás la ictericia como un milagro, tu mujer también tendrá tiempo para relajarse y tu bebé (y tú) podrán echarse juntos la primera de muchas siestas.

Ya que hablamos del contacto piel con piel, te preguntarás por qué es tan importante, e incluso cómo se hace. Empecemos por el cómo: simplemente quítate la camiseta, quítale la ropa al bebé (¡déjale el pañal puesto!) y siéntate cómodamente en una silla mientras dejas que el bebé se acueste boca abajo sobre tu pecho. Acuérdate de cubrirle la espalda con una cobija para que esté calientito. Hacer esto tiene un sinfín de beneficios para tu bebé. Entre otras cosas, ayuda a regular el ritmo cardíaco y la respiración del bebé, reduce los niveles de cortisol tanto tuyos como del bebé y te da una gran oportunidad para establecer vínculos emocionales con él.

Otra forma de estrechar lazos con tu bebé y ayudar a tu esposa, es ocuparte de la hora del baño. No se necesita a mamá para bañar a un bebé, así que ésta es una forma segura en que papá puede ayudar. Antes de que le den el alta, es probable que una enfermera le dé su primer baño. Acompáñala en el baño y fíjate en lo que hace la enfermera. Si sigues estos pasos, la hora del baño será fácil. De hecho, lo estarás haciendo bien si haces todo lo posible para que no le entre agua en los oídos ni se ahogue.

Puede que te asustes por nada. Si tu bebé estornuda, puede parecerte que tiene neumonía. No eres hipocondríaco. Eres un papá primerizo que quiere lo mejor para su pequeño ser humano. Si alguna vez te sientes inseguro, llama al pediatra de tu bebé para que te aconseje. Recuerda que algo que no parece muy grave en un bebé puede convertirse en potencialmente mortal en cuestión de horas. Es preferible que le llames sin necesidad a ignorar algo que podría ser un problema grave. Si ocurre algo de lo siguiente, definitivamente debes hacer la llamada o llevar al bebé al médico (Ben Joseph, 2018):

- temperatura rectal de 38 °C (100,4 °F) en bebés menores de dos meses
- vómitos o pupú con sangre

- más de ocho pupús líquidos en ocho horas (sí, los pañales de tu bebé no solo te interesarán enormemente, sino que también se convertirán en un tema de conversación)
- fontanela abultada (punto blando en la cabeza de tu bebé)
- respiración acelerada, sobre todo si el bebé se pone azul alrededor de la boca
- dificultad para despertar al bebé
- signos de deshidratación
- ojos hundidos
- ausencia de pañales mojados durante seis horas
- llanto sin lágrimas
- hundimiento de la fontanela

TU VIDA HA CAMBIADO

Si en tu trabajo te conceden un permiso de paternidad, tómalo. Aunque no sientas que lo necesitas, es esencial que pases este tiempo en casa, disfrutando tiempo con tu bebé y ayudando a tu pareja a adaptarse a su nuevo papel como mamá... ¡y al tuyo como papá primerizo!

Los dos estarán agotados y con falta de sueño, y lo más probable es que esto continúe durante al menos un par de semanas. Además, estarás nervioso por tener que satisfacer las necesidades de tu recién nacido y puede que también te sientas ansioso por este viaje.

Aunque tu esposa y tu bebé serán tus principales prioridades, es fundamental que sigas dedicándote tiempo a ti mismo. Consigue el tiempo para hacer algo que te guste, aunque sólo sea una parada rápida en el gimnasio de camino a casa desde el trabajo o leer un cómic más mientras estás sentado en la poceta.

Dale a tu esposa la misma oportunidad de hacer algo por sí misma. Si está dando pecho, tendrá que ser entre comidas. Asegúrate de estar a su lado.

El autocuidado es vital en esta nueva etapa de tu vida. Si agotas toda tu energía, impactarás significativamente a tu nueva familia. Haz lo necesario para mantener la cordura. Presta atención a cualquier signo de depresión posparto en ti y en tu pareja. Apóyense mutuamente y, si es necesario, busquen ayuda profesional. Tu bebé necesita a sus papás mentalmente fuertes para cuidar de él.

CONSEJO PRÁCTICO PARA NUEVOS PAPÁS

Las toallitas húmedas son la navaja suiza de los bebés y los niños pequeños. Ten juegos extra de toallitas húmedas en todos los lugares de tu casa. Colócalas en la sala, la habitación, la cocina, el patio y el carro, y asegúrate de que siempre haya un montón de toallitas en la pañalera. Nunca se sabe cuándo las necesitarás. Tu pareja te agradecerá eternamente que planifiques con antelación.

8

LA HORA DE SER PAPÁ

Ahora que ya eres padre y has traído a casa al nuevo miembro de tu familia, ha llegado el momento de convertirte en papá. Has superado el embarazo, tú y tu pareja han sobrevivido al parto, tu mano se ha recuperado de los apretones durante el proceso y los tres se han instalado en casa.

Lo peor ya pasó. Sin embargo, es posible que aún te sientas inseguro sobre cómo cuidar a tu bebé. Por muy frágiles que parezcan (y sean), no se rompen fácilmente. Quítate de la cabeza esos miedos de cargar a tu diminuto humano. De lo contrario, nunca conseguirás establecer un vínculo afectivo con tu pequeño ni ayudar a tu mujer en las tareas de crianza.

Hagamos a un lado el primer obstáculo del camino. Cuando cuides de tu hijo, nunca lo llames "hacer de niñera". Una niñera es alguien a quien pagas para que cuide de tu hijo cuando tú no estás disponible. A menos que te paguen por cuidar de tu hijo, no estás haciendo de niñera. Estás criando y siendo papá, no sólo un donante de esperma que ayudó a crear al bebé y ahora puede sentarse y relajarse.

OFICIALMENTE ERES PAPÁ

Ser papá no significa que te quedes en el sofá mientras tu mujer se ocupa de amamantar, cuidar y crear vínculos afectivos con el bebé. Ser papá significa involucrarse, desde cambiar los pañales sucios hasta sacarle los gases al bebé y calmarlo cuando llora.

No salgas corriendo ahora. Por abrumador que pueda parecer ser papá, pronto será algo natural, sobre todo si sigues estos prácticos consejos.

MANIPULACIÓN DE TU BEBÉ

Lo más importante que tienes que tener en cuenta a la hora de manipular y sostener a tu recién nacido es darle apoyo a su cuello. Los bebés muy pequeños tienen los músculos del cuello débiles y no pueden sostener su cabeza por sí solos (que puede parecer demasiado grande para su pequeño cuerpecito). Si cargas a un bebé pequeño sin sujetarle el cuello, puedes hacer que su cabeza cuelgue o se mueva, lo que podría causarle no sólo daños en su frágil cuello, sino también lesiones cerebrales graves. Cuando sostengas a tu bebé, pon siempre una mano bajo su cuello y sujétale la parte baja de la espalda o el culito con la otra mano. Si haces esto, tu bebé estará bien. ¡Tú puedes hacerlo! Al principio, puede que te concentres en si tus manos están en el lugar correcto, pero después de hacerlo un par de veces, te parecerá completamente natural. Incluso podrás hacerlo medio dormido durante la noche.

Sigue sujetando el cuello de tu bebé hasta que sus músculos sean lo bastante fuertes para sostener la cabeza por sí solos. Esto suele ocurrir entre los tres y los seis meses. No "pruebes" la fuerza del cuello de tu bebé quitándole el soporte. En lugar de eso, vigila a tu bebé cuando esté boca abajo o tumbado. Cuando veas que levanta la cabeza por sí solo, sabrás que puedes empezar a reducir poco a poco el soporte.

CAMBIAR UN PAÑAL

Cambiar el pañal de un bebé es probablemente uno de los peores trabajos como papá, pero si quieres un matrimonio feliz, no esperes que tu esposa haga esta tarea sola. Prepárate mentalmente para ello, ya que lo harás a menudo, los bebés pueden ser máquinas de hacer pupú. Es fácil determinar si tu bebé necesita un cambio. Si el pañal está lleno de pipí, lo notarás lleno y pesado, y si está lleno de pupú, lo podrás oler a kilómetros de distancia.

Si lo hueles, asegúrate de tener a mano muchas toallitas húmedas antes de empezar a quitarle la ropa. También puedes preparar el agua del baño. Los bebés pueden dejar a veces explosiones de excremento que no sólo necesitarán casi un paquete entero de toallitas para limpiar, sino que también puede ser necesario un baño para asegurarse de que no queda ningún exceso de pupú en la piel. La acidez de sus heces puede irritar o quemar rápidamente la sensible piel de un bebé.

Para determinar el grado de peligro, puedes separar suavemente el pañal de la espalda o el muslo del bebé y echar un vistazo. Esto también puede ayudarte a determinar si es necesario tener una máscara antigás para protegerte del violento olor.

Una vez que sepas a qué te enfrentas, prepara todo el equipo necesario. Aparte de la mascarilla antigás, el agua del baño y las toallitas, incluye un pañal limpio, crema para el culito que proteja la piel sensible contra la irritación y, a veces, incluso ropa limpia en caso de explosión grave.

Si tienes un hijo varón, ponle siempre una toallita húmeda, una toallita facial u otro tipo de cubierta sobre el pene, durante el cambio de pañal. De lo contrario, corres el riesgo de que te salpique en la cara una pequeña fuente de pis. Además, apunta el pene hacia abajo cuando le pongas un pañal nuevo. De lo contrario, acabarás cambiando la ropa de tu pequeña máquina de hacer pipí más a menudo que sus pañales.

Cuando le pongas un pañal nuevo, recuerda siempre que el lado con las lengüetas adhesivas es la parte de atrás. Las lengüetas adhesivas se abrochan en la parte delantera del pañal. Debes asegurar el pañal lo suficiente para que se mantenga en su sitio, pero sin apretarlo demasiado. Puedes hacer una prueba rápida con el dedo para determinar si está demasiado apretado: si puedes deslizar el dedo entre la piel del bebé y el pañal con relativa facilidad, debería estar bien. Cuando hayas terminado y el bebé esté vestido, date una palmadita en la espalda.

HAZ ERUCTAR A TU BEBÉ

Durante los tres primeros meses de vida del bebé, es importante sacarle los gases después de cada comida, a veces hasta mientras come. Esto se debe a que los bebés tragan muchas burbujas de aire mientras beben, lo que les causará molestias después. Imagínate el malestar que te producen los gases si te bebes un litro de cerveza. Algo así es lo que siente un bebe. Sólo que sus pequeños cuerpos no pueden eructar (o a veces ni siquiera tirarse pedos) por sí solos.

Hay muchas formas de sacarle los gases a un bebé. Uno de los métodos más comunes es dejar que el bebé se siente en tu regazo y, sujetarle el cuello colocando una mano bajo su barbilla. Frota suavemente su espalda, de abajo arriba, repetidamente. También puedes hacer que rebote sobre tu pierna, pero asegúrate de que sean movimientos muy suaves. No debes sacudirlo. También puedes tumbarlo boca abajo sobre tu regazo, con la barriga apoyada en tu muslo, o sostenerlo contra tu pecho y la barbilla apoyada en tu hombro. Frótale la espalda de abajo arriba o dale suaves palmaditas.

Asegúrate de tener siempre a mano un paño, ya que el bebé suele escupir un poco de leche al eructar. Te hago una pequeña advertencia: No te pongas la camiseta más nueva del trabajo cuando hagas esto. Estos suaves eructos a veces pueden convertirse en vómitos, que no sólo pueden manchar tu camisa, sino también dejarte con un olor tan agrio como tu estado de ánimo si sucede esto.

BEBÉ, CALMA TUS LLANTOS

Saber cómo consolar a tu bebé cuando llora puede ayudarte mucho a mantener la cordura. Algunos bebés lloran más que otros, aparentemente sin motivo alguno. Si éste es tu caso, es probable que la palabra "cólico" empiece a sonar como una grosería. Los cólicos se producen cuando la máquina de llorar se pone en marcha en determinados momentos del día, a veces durante horas, sin que haya una razón o causa aparente para el llanto.

Por desgracia, por muy sano que sea el embarazo de mamá o por muy bien que transcurra el parto, no hay forma de saber si tu bebé será malhumorado o alegre. Es cuestión de suerte. Si tu bebé realmente tiene cólicos, estos suelen calmarse entre tres y seis meses. Durante este tiempo, acuérdate de esas abuelas, abuelos, tías y tíos que estarán deseando cuidar de tu máquina de gritos mientras tú y tu mujer se recargan fuera de casa.

Si quieres ser un superpapá en un matrimonio feliz, aquí tienes una lista de lo que puedes tener en cuenta cuando tu bebé llore:

Pañal

Haz una prueba rápida de olor y tacto. Tú también llorarías si te hicieras pupú encima y te dejaran sucio. Recuerda que el pañal no tiene por qué estar sucio de pupú para molestar a tu bebé. Un pañal empapado también pesa mucho y limita los movimientos del bebé.

Hambre

Si se acerca la hora de la comida, prepara el biberón o pásale el bebé a mamá para que haga lo suyo. Mientras tu esposa le da pecho al bebé, finge que tienes que hacer algo urgente afuera y ve a tomar el aire para descomprimirte. Recuerda que también es importante cuidar de ti mismo. No quiero sonar como un disco rayado, pero cuidarse es necesario. Después, vuelve corriendo a sacarle los gases al bebé o a limpiar cualquier vómito.

Cansado o sobreestimulado

Se supone que los bebés duermen la mayor parte del día. Si empiezan a correr lágrimas después de haber estado despierto por un buen rato, es posible que esté cansado o sobreestimulado. Ten en cuenta que no era muy emocionante estar dentro del vientre de mamá, así que ver el mundo puede ser demasiado para él. Llévalo a una habitación tranquila para que se relaje y se duerma.

Demasiado frío o calor

Los bebés, a esta edad, aún no pueden regular su temperatura corporal, así que siempre tendrás que vestirlo correctamente. La regla general es vestir a tu bebé con una capa más de la que llevas tú.

. . .

Gases

Si tu máquina de llorar se acelera poco después de comer, intenta sacarle los gases de nuevo. Si eructar no ayuda, es posible que tu bebé tenga problemas para tirarse un pedo (sí, eso ocurre). Acuéstalo boca arriba y muévele las piernas arriba y abajo como si andara en bicicleta, o masajéale la barriga con movimientos circulares en el sentido de las agujas del reloj.

Solitario

Si tu bebé se despierta gritando a media noche en su cuna, es posible que quiera que alguien lo abrace y le haga sentirse seguro y protegido. Establece un vínculo afectivo abrazando a tu pequeño.

Enfermo

Desafortunadamente, los bebés se enferman con facilidad, ya que nacen sin un sistema inmunitario que los proteja contra los gérmenes. Hazte un favor e invierte en un termómetro para la frente. Comprueba su temperatura si no encuentras otra causa de su malestar. Si parece estar bien, fíjate si tiene la nariz congestionada o presiona suavemente el tragus de las orejas (la pieza triangular de la oreja que cubre el hueco). Si a tu bebé le duelen los oídos, su llanto se convertirá en gritos al tocarle la oreja. Ahora ya sabes que es hora de visitar al médico. Si su nariz está congestionada, utiliza un par de gotas de spray nasal salino o de leche materna para aflojar los mocos. Considera también la posibilidad de invertir en un aparatito con el que succionar los mocos de la nariz de tu bebé. Suena asqueroso, pero créeme, el alivio que sentirá tu bebé después, hará la vida de todos los que están a su alrededor mucho más agradable. Además, estos dispositivos llevan esponjitas para asegurarse de que no te lleguen mocos a la boca mientras chupas. ¡Todo irá bien!

Si ya consideraste toda esta lista y tu bebé sigue estando malhumorado, no pierdas la esperanza. Prueba estas cinco soluciones antes de pedir audífonos con cancelación de sonido:

Chupón

No a todos los bebés les gusta el chupón, pero puede ser maravilloso para calmar a la máquina de lágrimas. Algunas personas están en contra del uso del chupón, ya que puede propagar gérmenes si se cae al suelo, puede causar un par de noches de insomnio cuando quieras quitárselo y, si dejas que tu bebé lo use durante demasiado tiempo, puede causar problemas en el desarrollo del habla y en la formación de su boca, lo que puede dar lugar a dientes torcidos. Habla con tu pareja y decidan si quieren usar uno.

ENVUÉLVELO

Los bebés no tienen mucho espacio para moverse en el vientre de mamá, por eso suelen calmarse cuando los envuelves bien en mantas.

DÉJALO COLUMPIARSE

Muchos padres confían en los columpios motorizados. Esto calma al bebé, ya que el movimiento es similar al que sentía en el vientre de mamá cuando caminaba.

RUIDO ESTÁTICO

Mientras estaba en el vientre de mamá, el bebé escuchaba constantemente ruidos similares al ruido blanco. Por eso, el sonido de una aspiradora, un lavavajillas o una lavadora puede ser muy reconfortante para un bebé. Además puedes ganar extra puntos con tu esposa si haces la lavandería.

DALE UN PASEO EN EL CARRO

Se ha demostrado que este método es muy eficaz para calmar a un bebé. Siéntalo en la silla del coche, deja a mamá en casa para que disfrute de un rato de tranquilidad, y sal a dar una vuelta. Si se acerca la hora de cenar, pasa por un restaurante y compra algo para comer: ¡felicitaciones por tu increíble forma de pensar!

CREA UN VÍNCULO CON TU HIJO

Después de llevar al bebé durante nueve meses, dar a luz y cuidar de él, tu esposa ya tendrá un vínculo especial con tu pequeño. Como probablemente estará en casa de baja por maternidad, también tendrá tiempo de sobra para estar a solas con el bebé, abrazarlo y conocer sus manías, gustos y aversiones.

En tu caso, es posible que esto no ocurra tan rápido, ya que, con suerte, sólo estarás en casa un par de días y no tendrás ese vínculo automático que da la lactancia materna. Tendrás que trabajar conscientemente para conocer a tu pequeño ser humano. La mejor forma de hacerlo es pasar el mayor tiempo posible con él. Recuerda que la calidad siempre es más importante que la cantidad, así que aunque no tengas mucho tiempo para pasar con tu pequeño, aprovéchalo al máximo. El vínculo llegará.

Por muy cansado que estés después de un largo día de trabajo y de no haber dormido bien, nunca volverás a tener este tiempo con él. Suena cliché, lo sé, pero es la verdad. Aprovecha cada minuto que puedas para crear ese vínculo emocional con tu pequeño. Antes de que te des cuenta, será un adolescente con las hormonas a millón y desearás volver a tener un dulce bebé.

Por mucho que quieras dormir, levantarte por la noche cuando tu bebé está inquieto puede ser estupendo para crear ese vínculo. No siempre querrá comer cuando llora por la noche, lo que se suele llamar la "hora de las brujas". A veces, como ya hemos dicho, sólo querrán que lo cargues en brazos para sentirse seguro. ¿Y quién mejor para hacerlo sentir seguro que el super-héroe que es su papá? Pronto, este pequeño será tu compinche en la vida real, así que prepáralo para este papel desde ahora.

Si tu bebé está muy despierto por la noche y no parece que haya muchas posibilidades de que se tranquilice pronto, aprovecha este momento. Llévatelo a la sala y pon tu programa favorito. En algún momento de su vida tendrás la oportunidad, si te gustan los deportes como a mí, de explicarle todas las reglas de tu juego favorito. Y no hay ninguna regla que te impida empezar a hacerlo desde ya.

Cuando hables con tu bebé, procura mirarlo siempre a los ojos. La vista de un recién nacido no está completamente desarrollada, así que acerca tu cara a la suya... ¡Siempre que no estés enfermo, claro! Deja que tu bebé te toque la cara y te jale el pelo. Está aprendiendo todo lo que hay que saber sobre su papá. Cántale. No le importa si cantas horrible. Lo único que quieren es oír tu voz. Cuando pases tiempo con él, hazte eco de sus pequeños sonidos y copia sus expresiones faciales. Tu bebé está intentando comunicarse, y éste es su único medio en esta etapa tan temprana de la vida.

Pronto te darás cuenta de que disfrutas tanto de este momento de unión que querrás hacerlo lo más a menudo posible.

Invierte en un fular portabebés en el que puedas llevar a tu pequeño, mientras realizas tus tareas en casa. Así mantendrás a tu bebé cerca y conectado a ti, liberarás tus manos para hacer las cosas y le darás a mamá un descanso muy necesario.

Si tu pareja empieza a extraerse leche para darle el biberón, o si decides alimentar al bebé con leche artificial, participa en estas comidas desde el comienzo. Al principio, es posible que el bebé llore o se muestre inquieto cuando intentes alimentarlo, ya que está acostumbrado a que mamá sea la que le dé leche. También es posible que no sepas qué hacer. Hagas lo que hagas, no te rindas, y dáselo a mamá para que se tranquilice. Cuanto más lo hagas, más fácil te resultará tanto a ti como al bebé.

Recuerda siempre que, por mucho que te esfuerces, no existen los papás perfectos. Todos los papás cometen errores. Es parte de la vida, y tú también cometerás errores. Mientras tu bebé sea feliz y se mantenga con vida, estás haciendo un gran trabajo. Felicítate por ser el mejor papá que puedes ser, e intenta que cada día sea mejor que el anterior.

CASA A PRUEBA DE BEBÉS

A medida que el bebé crece y empieza a movilizarse, es importante poner la casa a prueba de bebés. Uno de los aspectos más importantes es asegurarse de que los tomacorrientes son seguros para el bebé. Hay varios productos en el mercado que evitan que el bebé meta los deditos en los enchufes, meta otras cosas o desconecte un enchufe que estés utilizando. Cuando empiece a gatear y a caminar, recorre tu casa y toma nota de todos los enchufes que estén al alcance de tu bebé. Asegúrate de que todos estén cubiertos.

Puede que pienses que no lo necesitas, ya que no dejarás a tu bebé desatendido ni un segundo. Sin embargo, créeme. No tienes ni idea de lo rápido que puede moverse ese cuerpecito. Si apartas la vista de él sólo un par de segundos (mientras cambias de canal en la televisión o revisas un mensaje en teléfono), es posible que tu bebé se haya desplazado a una zona de peligro y que te lesiones al saltar y correr para mantenerlo a salvo.

Fíjate también en los cables eléctricos que cuelgan sueltos. No permitas que tu bebé juegue al tira y afloja con el cable de la televisión. Lo más probable es que gane la pelea y tu televisor se caiga al suelo, haciendo daño a tu bebé. Para que todo permanezca en su sitio, puedes comprar varios pasacables o cajas organizadoras de cables.

También puedes buscar gavetas diferentes o cierres magnéticos para asegurarte de que tu bebé no te va a desempacar toda la cocina. Esto es especialmente importante en los armarios que contienen productos de limpieza o cristalería. Si quieres dar a tu bebé la oportunidad de explorar un poco, puedes dejar el armario de los tupper abierto. El bebé no se hará daño al agarrar los contenedores de plástico. Sólo tienes que mirar el suelo antes de entrar en la cocina, ya que tu bebé podría haber convertido tu cocina en una carrera de obstáculos casera. Podrías hacerte daño si te resbalas con una tapa de plástico o tropezando con un recipiente de cereales vacío.

Una vez que hayas terminado con los tomacorrientes y los cables, fíjate en el anclaje de los muebles. Muchos niños pequeños se lesionan gravemente y pueden morir porque los muebles se les caen encima. Ellos no entienden el peligro de halar una estantería, lo que quieren es descubrir lo que hay fuera de su alcance, en lo alto de la biblioteca. Los niños son trepadores natos, y muchos pueden subirse a una estantería o a un mueble incluso antes de aprender a caminar. También utilizarán los muebles para pararse antes de lograrlo por sí solos. Puedes utilizar muchos soportes, fijaciones a la pared y correas para anclar tus muebles y electrodomésticos en su posición.

En cuanto a las cosas que debes poner fuera de la vista, no dejes ningún objeto decorativo al alcance de tu bebé, sobre todo objetos de cristal o porcelana que puedan romperse con facilidad. Tus amigos y seres queridos sabrán que solías tener cosas bonitas en casa, y entenderán por qué han desaparecido por ahora. La seguridad de tu bebé es mucho más importante que tener adornos en casa.

Otra cosa que hay que tener en cuenta son las plantas y macetas en el suelo de tu casa. Si tu bebé puede alcanzarlas, es probable que arranque la tierra de las macetas, rompa las hojas e incluso intente comérselas. Recuerda que los bebés aprenden llevándose cosas a la boca. Muchas plantas de interior también son venenosas si se ingieren, por lo que siempre es mejor eliminar este riesgo poniendo las macetas fuera de su alcance.

Incluso las mantas decorativas pueden suponer un riesgo. Tu bebé puede enredarse en ellas, y correr el riesgo de asfixia.

También es probable que los cojines se caigan en el suelo del salón, así que, a menos que quieras recogerlos a diario, sería buena idea guardarlos durante un par de meses.

Las tapas de las pocetas son muy útiles para mantener los deditos afuera. ¿Recuerdas lo que dijimos antes sobre los bebés que se meten cosas en la boca para aprender? Nada de lo que entre en el inodoro debería entrar nunca en la boca de tu bebé, así que mejor mantenlo cerrado. Tampoco dejes la escobilla limpia pocetas junto al inodoro, de fácil acceso. Las cerdas de esos cepillos pueden sentar muy bien para los picores de encías. No creo que haga falta explicar por qué esto es una idea horrible.

Si tienes escaleras o una chimenea en casa, las puertas para bebés pueden ser estupendas para mantener a salvo a tu pequeño. Sus músculos aún se están desarrollando y no debería subir escaleras solo. Los resbalones y las caídas por las escaleras pueden ocurrir en un abrir y cerrar de ojos.

SEXO DESPUÉS DEL PARTO

Muchos hombres esperan con impaciencia la marca de las seis semanas. Si tu bebé ha ganado peso, es posible que el pediatra te dé la buena noticia de que puedes dejar de despertarlo para alimentarlo por la noche. Pero eso no es todo lo que ocurre a las seis semanas de posparto...

También es el momento en que tu esposa acude al ginecobstetra para una revisión posparto. Si no hay complicaciones, el médico puede dar el visto bueno a tu esposa para reanudar la intimidad.

Si este es el caso de tu esposa, es excelente, ya que significa que su cuerpo se ha recuperado físicamente del parto. Sin embargo, nunca la presiones para que se meta en la cama. Después de todo lo que tuvo que pasar para dar a luz, puede que no se sienta emocional o mentalmente preparada para volver a permitir algo cercano a su parte de abajo.

Puede que tema quedar embarazada de nuevo. Este miedo no es descabellado. Muchas mujeres, incluso las que están amamantando, pueden reanudar su ovulación antes de alcanzar la marca de las seis semanas. Esto significa que si no utilizas anticonceptivos, ella puede volver a quedar embarazada. Y esto puede ser algo para lo no estén preparados. Es probable que su ginecobstetra hable con ella sobre los anticonceptivos y que le dé a tu pareja una receta. Si decide utilizarlo, ayúdala a buscar el medicamento en la farmacia. Mientras estés allí, compra un paquete de preservativos. Dependiendo del tipo de anticonceptivo que vaya a utilizar, este puede tardar un par de semanas en hacer efecto. Los preservativos pueden hacer que se sienta más cómoda ya que hay doble protección.

También puedes comprar en la farmacia uno o dos frascos de lubricante a base de agua. Debido a que sus hormonas aún se están adaptando después del parto, y especialmente si está amamantando, es posible que experimente sequedad vaginal, lo que puede hacer que las relaciones sexuales sean muy dolorosas. El uso de lubricantes puede ayudar en este caso, además de incluir juegos preliminares para aumentar la excitación natural.

Incluso haciendo todo esto, es posible que ella no acepte tener relaciones sexuales todavía. Si esto te molesta o te irrita, no se lo demuestres a tu esposa. Ella ha sometido su cuerpo a un infierno durante el embarazo. Ten paciencia con ella y prueba otras formas de intimidad. Tómala de la mano, dile cuánto la aprecias, acurrúcate con ella, bésala y, si te lo permite, tócala. Poco a poco puedes intentar llegar a la intimidad con penetración. Tómate las cosas con calma a medida que ella lo necesite.

Cuando finalmente te dé el visto bueno para izar las velas, puede que ella experimente dolor. Asegúrate de tener una buena comunicación, o fíjate en su cara para detectar cualquier signo de dolor o incomodidad. Aunque la mayoría de las mujeres sólo sienten dolor durante las dos primeras veces de la penetración, para algunas puede ser doloroso hasta tres meses después del parto. Si el dolor persiste, llévala a ver a su ginecólogo. Podría haber una causa fácilmente tratable.

CONSEJO PRÁCTICO PARA PADRES PRIMERIZOS

Encuentra tu aldea uniéndote a grupos de Facebook sobre paternidad o sobre cómo convertirse en padre. Estos grupos son una forma estupenda de estar en contacto con otros papás primerizos que también están pasando por esta locura. Tener a alguien que entienda por lo que estás pasando es de gran ayuda.

CONCLUSIÓN

Ahora tienes todos los conocimientos que necesitas para ser un papá primerizo. También has aprendido datos valiosos que te facilitarán el camino e impresionarán a tu esposa. Ya estás un paso por delante de la mayoría de los futuros y nuevos papás gracias a todos estos conocimientos sobre cómo ayudar a tu pareja durante el embarazo, el parto y el cuidado de tu pequeño bebé.

Ahora sabes todo lo que puede ir mal durante el embarazo y cuándo debes llevar a tu pareja al médico. De igual manera, sabrás qué cosas aparentemente raras o extrañas pueden ser perfectamente normales. También sabrás qué puedes hacer para que el embarazo le resulte más fácil a tu esposa y qué debes tener en cuenta a la hora de presupuestar los cuidados del bebé.

Y lo que es más importante, comprendes que es normal dudar de tus capacidades como padre y que los temores que puedas sentir son comunes. Cuidar tu salud mental y la de tu pareja es una prioridad, no sólo durante el embarazo, sino también después del nacimiento de tu pequeño ser humano. Además, ya sabes lo que debes y lo que definitivamente no debes hacer durante el parto y cómo cuidar de tu pequeño después.

Puede que sientas que has pasado por una sobrecarga de información. No pasa nada. Hay mucho que aprender; por suerte, puedes repasar los capítulos correspondientes a medida que vayas experimentando esa parte de tu viaje. Recapitulemos algunas de las cosas importantes de las que hemos hablado para facilitarte un poco las cosas.

Es posible que tengas muchos miedos, como pensar que eres demasiado egoísta para ser un buen papá, amar tu trabajo o salir con tus amigos más que con tu bebé, perder tu identidad, experimentar FOMO mientras tienes un recién nacido en casa e incluso tener "cuerpo de padre". Estos temores son normales. Sin embargo, recuerda que tu cuerpo también está hecho para ser papá, y la disminución de tus niveles de testosterona, poco antes de que nazca tu bebé, es una prueba científica.

Es posible que durante este viaje pases por momentos en los que sientas que tu salud mental decae. Puede que te preocupen los numerosos cambios que este embarazo traerá a tu vida. Saber qué esperar y planificarlo puede ayudarte a reducir esa ansiedad. Habla con tu esposa y creen un plan de parto. Recuerda hacer cuatro copias de este plan.

Ten paciencia con tu esposa durante el embarazo. Su cuerpo vivirá un infierno desde la sexta semana de embarazo hasta el nacimiento del bebé. Le dolerán mucho los senos y se le hincharán. Puede que tenga náuseas matutinas (o durante todo el día). Si tiene antojos raros, no te preocupes y cómprale lo que quiera. No seas sensible a sus cambios de humor. No puede evitarlo. Puede volverse olvidadiza. Este extraño fenómeno se llama cerebro de embarazada. Ayúdala a superar las dificultades del embarazo y alivia su estrés dándole un masaje o haciendo listas de lo que hay que hacer.

Si quieres impresionar a tu esposa, planea una escapadita para los dos antes de que nazca el bebé. ¡Disfruten de su "babymoon"! Averigua qué le gustaría hacer a tu esposa, aunque sólo sea relajarse en una habitación de hotel con aire acondicionado y servicio a la cama.

Cada trimestre del embarazo conlleva dificultades por las que pasará tu pareja (y tú). Algunas de las cosas importantes que pueden ocurrir durante el primer trimestre son manchado, flujo, estreñimiento, fatiga, micción frecuente y ardor de estómago. Elijan un ginecobstetra para que atienda a tu esposa durante el embarazo y reserven una cita. Dale una buena dosis de vitaminas prenatales. Establece una rutina de ejercicio saludable que tu y ella puedan hacer juntos. Piensa cómo y cuándo quieres compartir la noticia con tus seres queridos. Y está siempre atento a cualquier signo que te diga que debe acudir rápidamente al médico. Por ejemplo, sangrado abundante, dolor abdominal intenso, mareos y visión borrosa.

El segundo trimestre suele denominarse la fase de "luna de miel del embarazo", ya que es el momento en el que mamá se sentirá mejor. Puede que incluso se sienta juguetona durante esta etapa. Si es así, disfrútalo. La barriga de tu esposa crecerá rápidamente y la gente empezará a notar el embarazo. Las patadas del bebé serán más fuertes y pronto tu pareja (y poco después tú) sentirán esos movimientos. Es posible que se aparezcan cambios en su piel, como acné, estrías, manchas oscuras en la cara y una línea oscura en la barriga. Ahora es un buen momento para plantearse tomar clases de preparación al parto. Durante este trimestre, es probable que puedan averiguar el sexo de tu bebé. Comenta con tu esposa si quieres saber el sexo y cómo quieres averiguarlo. Las fiestas de revelación del sexo se están haciendo muy populares.

El tercer trimestre te parecerá un año, aunque sólo dure tres meses. Tu esposa se sentirá muy incómoda. A medida que avance el trimestre y el bebé se introduzca en el canal del parto, se sentirá aún peor. A veces sentirá dolor por el estiramiento de sus ligamentos y músculos. También puede empezar a experimentar contracciones de Braxton Hicks. Vuelve a leer esto cuando le ocurra a tu esposa para saber si está experimentando estas contracciones de práctica o si podría ser el comienzo de un verdadero parto. Tu esposa irá al baño más que nunca. Abastécete de papel higiénico doble. Hazlo ahora si aún tienes que preparar la habitación del bebé. Consiéntela con una pedicura, ayúdala a afeitarse y practica tus respuestas a preguntas tramposas como "¿Me veo gorda?".

Cuando tu esposa esté en el tercer trimestre, empieza a pensar en nombres para el bebé, si aún no lo han decidido. Decidan si quieren elegir un padrino para tu hijo y a quién nombrarán guardián del bebé. Asegúrate de que quedan estipulados en tu testamento.

A medida que avance el embarazo, prepara las maletas para el hospital. Acuérdate de llevar todo lo que tu pareja, tu bebé y tú necesiten durante el parto y un extra para al menos tres días de estadía. Cuando empiece el parto, entiende cuándo tienes que ir al hospital. A menos que tu ginecobstetra les aconseje lo contrario, recuerda la regla 5-1-1: si sus contracciones suceden con cinco minutos de intervalo, cada contracción dura un minuto y ha continuado durante una hora. Aparte de las contracciones, otros signos de parto a los que debes prestar atención son: la salida del tapón mucoso (una masa gelatinosa de color marrón rosáceo), la necesidad urgente de evacuar constantemente y el romper fuente.

Cuando estés en la sala de partos, no pongas nunca cara de disgusto, no le llames asqueroso a nada, ni le digas cuánto tiempo lleva de parto. Intenta ayudarla en todo lo que puedas. Ponle un paño frío y húmedo en la cara, si está sudando. Deja que te apriete la mano, no le digas que el dolor no es "tan fuerte" y, por favor, no le digas cuándo tiene que empujar. Déjalo en manos de los profesionales.

Si hay complicaciones, tu ginecobstetra recomendará un parto por cesárea. Esto no es algo que debas temer. Sin embargo, debes saber que la recuperación física de tu pareja será más larga, así que prepárate para ayudarla en todo lo que puedas.

Una vez que haya nacido el bebé, sé su portero. Sólo permite las visitas cuando tu pareja y el bebé se hayan instalado en la habitación, y los tres estén dispuestos a recibir gente. Asegúrate siempre de que todas las visitas se laven las manos y no tengan enfermedades contagiosas. En caso de duda, no los dejes entrar.

Si tu esposa decide darle pecho al bebé, ayúdala dándole de comer y asegurándote de que beba suficiente líquido. Participa en las comidas, sacándole los gases al bebé. Apoya emocionalmente a tu pareja. La lactancia puede ser difícil y agotadora.

Antes de que te des cuenta, te llevarás al bebé a casa. Continúa con tus tareas de portero, pero acepta ayuda cuando tú y tu esposa la necesiten, sobre todo si alguien se ofrece a llevarles comida. Ayuda en las tareas de la casa. Pasa tiempo con tu bebé, haciendo contacto piel con piel. Encárgate de la hora del baño. Y recuerda la importancia del autocuidado, tanto para ti como para tu esposa. Los dos han pasado por mucho y cuidar de un recién nacido no es nada fácil.

Recuerda que los padres no son las niñeras de sus hijos. Son padres. Involúcrate desde el principio cambiando pañales y aprendiendo cómo manipular y calmar a tu bebé. Pasa tiempo de calidad con tu bebé para crear un vínculo afectivo. En cuanto el bebé empiece a moverse, convierte la casa a prueba de bebés. Ser el protector de tu familia forma ahora parte de tus obligaciones como papá. Asegúrate de hacer todo lo posible para que tu casa sea lo más segura para tu pequeño tesoro.

Ahora que tienes todas las herramientas, sal y úsalas. Sé el papá que siempre has querido ser. ¡Lo lograrás!

Si te ha gustado leer este libro, y la información te ha resultado útil para preparar tu viaje, deja una reseña en Amazon.

A mi nuevo amigo, ¡salúd por ser papá! Sé que lo harás increíble.

- Alex

PD - Si quieres continuar el viaje de "¡Vas a Ser un Gran Papá!" puedes comprar mi segundo libro de esta serie, que ya está disponible en Amazon: "¡Vas a Ser un Gran Papá!: La Guía Experta para el Primer Año de Tu Bebé y Todo lo que los Nuevos Papás Necesitan Saber". Simplemente escanea el código QR de abajo para obtener tu copia:

BIBLIOGRAFÍA

Anderson, J. (2021, June 9). 5 sweet ways for dad to bond with baby. Today's Parent. https://www.todaysparent.com/family/parenting/dad-struggling-to-bond-withbaby/

Babychakra. (2020, June 11). 10 things you must do to support your pregnant wife. Swirlster. https://swirlster.ndtv.com/wellness-mother/10-things-you-must-do-tosupport-your-pregnant-wife-2244348

Babylist. (2019, December 12). Second trimester of pregnancy. https://www.baby list.com/hello-baby/second-trimester

Barth, L. (2020, June 11). Is pregnancy brain real? Healthline. https://www.health line.com/health/pregnancy/is-pregnancy-brain-real

Ben-Joseph, E. P. (2018). Bringing your baby home. Nemours Kids Health. https://kidshealth.org/en/parents/bringing-baby-home.html

Centers for Disease Control and Prevention. (2021, November 1). Preterm birth. https://www.cdc.gov/reproductivehealth/maternalinfanthealth/pretermbirth.htm

Coleman, P. A. (2020, May 5). Building a birth plan: What expectant parents should include and consider. Fatherly. https://www.fatherly.com/health-science/buildbirth-plan-pregnancy-expecting

DiDonato, T. E. (2014, January 10). 5 reasons why couples who sweat together, stay together. Psychology Today. https://www.psychologytoday.com/blog/meet-catch-and-keep/201401/5-reasons-why-couples-who-sweat-together-stay-together

Dragon, N. (2016, October 11). Why pregnancy can make you have weird cravings. Intermountain Healthcare. https://intermountainhealth-care.org/blogs/topics/ intermountain-moms/2016/10/why-pregnancy-can-make-you-have-weird-cravings/

Dubner, S. J. (2011, June 23). It takes a village. Freakonomics. https://freakonomics.com/2011/06/it-takes-a-village/

Gomstyn, A. (2022). More than baby blues: Recognizing and recovering from postpartum depression. Aetna. https://www.aetna.com/health-guide/ understanding-and-overcoming-postpartum-depression.html

Government of Victoria. (2012). Childbirth - Pain relief options. Better Health Channel. https://www.betterhealth.vic.gov.au/health/HealthyLiving/child-birth- pain-reliefoptions

Health America. (n.d.). Mental health and the new father. https://mhanational. org/mental-health-and-new-father

Healthdirect Australia. (2022). Mental well-being during pregnancy. Pregnancy Birth and Baby. https://www.pregnancybirthbaby.org.au/mental-wellbeing-duringpregnancy

Healthdirect Australia. (2020). Third trimester. Pregnancy Birth & Baby. https:// www.pregnancybirthbaby.org.au/third-trimester

Hirsch, L. (2022). Cesarean sections (C-sections). Nemours Kids Health. https:// kidshealth.org/en/parents/c-sections.html

Kreidman, J. (2019, November 15). Tips for new dads in the delivery room [Video]. YouTube. https://www.youtube.com/watch?v=8G4e_NUkIeQ

Krieger, L. (2022, April 9). First week at home with your newborn baby. Baby-Center. https://www.babycenter.com/baby/newborn-baby/newborn-baby_10345806

Marcin, A. (2020, January 2). How soon can you find out the sex of your baby? Healthline. https://www.healthline.com/health/pregnancy/when-can-you-find- outsex-of-baby

Mayo Clinic. (2018, September 1). Postpartum depression. https://www.mayoclinic.org/diseases-conditions/postpartum-depression/symptoms-causes/syc20376617

Mayo Clinic. (2021, April 14). Premature birth. https://www.mayoclinic.org/diseasesconditions/premature-birth/symptoms-causes/syc-20376730

Mayo Clinic. (2022, March 9). 3rd-trimester pregnancy: What to expect. https:// www.mayoclinic.org/healthy-lifestyle/pregnancy-week-by-week/indepth/pregnancy/art-20046767

McKay, B. (2013, December 12). New dad survival guide: The mindset. The Art of Manliness. https://www.artofmanliness.com/people/fatherhood/new-dad-survivalguide-the-mindset/

McKay, B. (2021, May 30). New dad survival guide: The skillset. The Art of Manliness. https://www.artofmanliness.com/people/fatherhood/new-dad-survival-guidethe-skillset/

Merrell, C. (2022, March 24). 23 tips for new fathers. Owlet. https://www.owletcare. com/blog/23-tips-on-becoming-a-father-for-the-first-time

National Health Service. (2020, December 1). Signs that labour has begun. https:// www.nhs.uk/pregnancy/labour-and-birth/signs-of-labour/signs-that-labour-has-begun/

Procter & Gamble. (2021, November 22). Hospital bag checklist—What to pack. Pampers. https://www.pampers.com/en-us/pregnancy/giving-birth/article/whatto-pack-in-your-hospital-bag-go-bag-checklist

Rogers-Anderson, S. (n.d.). 10 expert tips to choosing a baby name. The Tot. https://www.thetot.com/mama/10-expert-tips-for-choosing-a-baby-name/

Sandbox & Co. (n.d.). Meaning and origin of Cameron. Family Education. https://www.familyeducation.com/baby-names/name-meaning/cameronMental

Schools, D. (2018, September 24). My 6 brutally honest fears about becoming a first-time dad. Medium. https://daveschools.medium.com/my-6-brutally-honest-fearsabout-becoming-a-first-time-dad-9464dcadc3af

Stewart, R. (2016, June 14). Soon-to-be dads: How to help – And what not to say – During pregnancy. UT Southwestern Medical Center. https://utswmed.org/medblog/fathers-guide-to-pregnancy/

Taylor, S. (2017, June 21). The tricky task of choosing the right godparents for your baby. Babyology. https://babyology.com.au/parenting/relationships/how-to-choosegodparents-for-your-baby/

Tiu, A. (2021a, April 11). How to baby-proof your home 2021 [Video]. YouTube. https://www.youtube.com/watch?v=48BH4EuWTl4

Tiu, A. (2021b, May 25). Sex after birth – Postpartum intimacy for new moms/dads [Video]. YouTube. https://www.youtube.com/watch?v=JDIOz9jUGE4

Turner, A. (2020, June 23). Delivery room tips for dads: 5 things not to do in labor [Video]. YouTube. https://www.youtube.com/watch?v=VtjfS96qdnE

Watson, S. (2020a, July 16). First trimester of pregnancy: What to expect. WebMD. https://www.webmd.com/baby/guide/first-trimester-of-pregnancy

Watson, S. (2020b, August 25). Second trimester of pregnancy. WebMD. https://www.webmd.com/baby/guide/second-trimester-of-pregnancyWebMD. (n.d.). C-section: What can I expect? https://www.webmd.com/baby/whathappens-during-c-section#1

Welch, N. (2010, March 26). A dad's point of view. New Parent. https://newparent.com/mom/a-dads-point-of-view1/